인생 CEO

빈 그릇에 내 마음 담고

추천의 글

하나님과 부처님이 만났다.
공자와 맹자가 만났다.
장자와 노자가 만났다.
시바와 알라신이 만났다.
그리고 나는 나(참나, 眞我)와 만났다? 아직도 모른다. 언제 어떻게 만날지?

이 책은 모르면서 울고 태어났다가 알면서 웃고 가기 위한 김영학 기자의 인생서(人生書)다. '나'라는 정체성을 찾고 '나'는 어떻게 살아야 할지를 묻고, 또 묻고, 되물어서 찾아가는 과정을 10년 넘게 일주일마다 "CEO 리포트"라는 뉴스 레터로 독자에게 전한 글 모음집이다.

글의 시작은 봄, 여름, 가을, 겨울의 자연과 함께 노랑, 초록, 빨강, 하양으로 바뀌는 삶의 색깔을 자신만의 고통으로 승화시켜 새로운 해답을 제시하고 있다.

2011년 10월 스티브 잡스가 죽어 성 베드로 앞에 섰다. 베드로는 스티브 잡스가 발명한 아이패드를 들고 "나는 네가 지난 여름에 한 일을 다 알고 있다"라는 듯이 아이패드를 통해 그의 삶의 값을 매기고 천국과 지옥에 대한 관결을 내리는 해외 신문 만평을 본 적이 있다.

이 글의 지은이는 인생에 되물음표는 있어도 되돌이표는 없다고 말한다. 날아가는 새가 뒤를 돌아보지 않듯이 인생의 가정법도 없다고 한다.

그렇다면 남은 것은 태어나서(Birth) 죽기까지(Death)의 선택(Choice)의 시간의 합이 내 삶의 값이요, 내 삶의 무게인 것이다.

'빈 그릇에 내 마음 담고'는 사랑과 겸손과 공경을 여러 사람과 나누며, 빈 손으로 왔다가 빈손으로 가는 인생 저울에 빈 그릇 하나 마음에 담아 올려놓고 독자들을 위해 선보이는 글이다.

이 책을 만나면 저자의 마음결에서 노자 도덕경과 채근담의 맑고 고요함을 아우르는 깊은 여유로움을 느끼고 배울 수 있어 일독(一讀)하기를 추천드린다.

시 인 이 상 현

들어가는 글

눈물로 뚝 떨어진 동백꽃이 붉다.

사랑하는 사람을 기다리다, 기다리다 그 그리움을 푸른 바다로 내보낸 동백꽃은 아린 마음을 예쁜 꽃으로 붉게 피워낸다. '흔들리지 않고 피는 꽃이 어디 있느냐'라는 도종환 시인의 말처럼 동백꽃은 겨울의 모진 비바람을 그렇게 견디며 봄을 기다린다.

동백꽃에 그리움은 삶이다. 동백꽃에 그리움은 희망이요, 사랑이다.
사랑할 줄 아는 사람은 참을 줄 안다. 참는 것은 이기는 것이 아니라 감싸는 것이다. 남을 감싸기 위해서는 넉넉함과 여유로움이 있어야 한다.

겨울이 아름다운 것은 혹한 바람과 매서운 추위 때문이 아니다. 하얀 눈 속에 향기를 뿜어내며 피는 매화와 독야청청(獨也靑靑), 절벽 위에 고고하게 서 있는 소나무가 있기 때문이다. 사람들은 눈 위에 자신의 발자국을 남기지만 겨울바람은 흔적을 남기지 않는다.

눈 위에 산이 바람을 부르는 것은 자신의 외로움을 감추기 위해서다. 천년을 묵묵히 한 자리에 서 있다고 꽃처럼 외로움이 없었겠는가? 바위가 바람이 불어도 흔들리지 않는다고 그 그리움이 사무치지 않았겠는가? 다만 넉넉한 마음으로 그 모든 것을 꽃과 나무에 양보하며 자신의 울음을 온몸으로 부딪쳐 바람 소리로 지나쳐 울뿐이다.

그래서 나는 여름 산보다 겨울 산이 좋다. 황량함 속에 고독을 즐기는 이방인이 아닐지라도 가슴이 따뜻한 이는 겨울 산을 품는다. 눈 녹아 흐르는 계곡물 소리가 청아하고, 탁 트인 정상에서 마주치는 바람은 싱그럽다. 이마에 땀방울이 맺히고 눈가에 고드름이 맺힐지라도 겨울 산은 우리에게 고생한 만큼 이상의 감동을 준다.

설화(雪花)를 품은 '살아 천년 죽어 천년의 주목'을 보고 있노라면 일상 생활속의 근심 걱정이 절로 녹아 내려간다. 이 순간 진리의 자유로움을 배운다. 자유는 모든 것을 벗어놓은 겨울 산과 같다는 느낌이다.

불교 법구경에는 "자신을 정복한 사람은 수천 번에 걸쳐 수천 명을 물리친 사람보다 훨씬 더 위대한 사람이다."라고 말한다.

산은 높아서 위대한 것이 아니라 그 자리에 지키고 있어서 훌륭한 것이다. 동백꽃이 아름다운 것은 겨울을 눈물의 기다림으로 승화시켜 붉은 꽃을 피우기 때문이다. 그 모든 것이 삶이요, 희망이요, 사랑이다. 사람이 위대할 수 있었던 것은 이 모든 3가지를 다 가지고 있기 때문이다. 오늘따라 눈물로 똑 떨어진 동백꽃의 아픔이 더욱 붉게 느껴진다.

빨간 동백꽃이 바다를 보고, "툭, 동그르" 떨어지는 모습을 보고 싶었다. 아직 봄이라기에는 이른 2024년 2월에 여수 오동도에 빨간 동백이 꽃망울을 터트리고 있었다. 피어서도 떨어져서도 자기의 모습을 지키는 동백꽃처럼 내 삶을 지키고 싶다.

                              2024년 7월25일 새벽 수락산 자락에서 김 영 학

빈 그릇에 내 마음 담고

팔만대장경 속에는 부처가 없다

제1장   팔만대장경 속에는 부처가 없다

1. 살아있는 자만이 아픔을 느낀다

한밤에 모처럼 시원한 빗줄기 소리를 듣습니다. 밤비입니다.

보고 싶은 임처럼 살포시 왔다 언제 가는 지도 모를 그런 님의 사랑비가 아니라, 후련하게 마음을 때리고 가는 굵은 단비입니다.

꽉 막힌 마음의 갈증을 풀어주기에는 폭풍처럼 몰아치는 장대비가 제격입니다. 천둥과 번개가 하늘을 가르고 땅을 울려야 모든 것이 고통의 아픔을 떨치고, 어둠에서 깨어나 아침을 맞을 준비를 합니다.

살아있는 자만이 아픔을 느낍니다. 깨어있는 사람만이 생명의 소중함을 압니다. 두려움과 공포는 살려는 의지에서 나옵니다. 희망도 좌절도, 기쁨과 슬픔도 결코 죽은 자에게는 단지 고장 난 시계의 멈춰진 삶일 뿐입니다.

큰 소리의 울음은 천둥에 맡기고, 들끓는 마음의 횃불은 번개에 내동댕이 치십시오.

"쩍"하고 하늘이 갈라지는 날, 내 마음도 열릴 것입니다."우르르 쿵 쾅쾅"하고 천지가 진동하는 날, 나의 울음도 그칠 것입니다.

조용한 목소리로는 큰 목소리를 이기지 못합니다. 작은 슬픔으로는 큰 슬픔을 견디지 못합니다. 이왕 시끄럽고 아플 것이라면 더 크게 소리치고 더 아프게 우십시오. 속 시원함이란 마음의 저 끝까지 내려가서, 육체의 저 밑바닥까지 떨어져서 하나의 앙금도, 한 웅큼의 찌꺼기도 남아있지 않게 비워야만 얻을 수 있습니다.

깊은 산속의 작은 새도 한밤의 두려움과 공포를 이겨내고, 아침이면 꽃과 나무들에 희망의 새 소식을 전합니다. 나무가 그늘진 것은 수백 년 수십 년을 그 자리에서 견디고 살아왔기 때문입니다. 야생화가 아름답고 귀한 것은 보살핌이 없는 곳에서도 자신의 꽃을 피우기 위해 온 힘을 다해 거친 생명을 지켜왔기 때문입니다.

거침없이 내리는 한여름 밤의 비를 보며 우리 모두 남은 8월의 소망을 가집시다.

한줄기 시원한 소나기가 반가운 8월엔
소나기 같은 사람을 만나고 싶다
만나면 그렇게 반가운 얼굴이 되고
만나면 시원한 대화에 흠뻑 젖어버리는
우리의 모습이면 얼마나 좋으랴?

푸름이 하늘까지 차고 넘치는 8월에
호젓이 붉은 나무 백일홍 밑에 누우면
바람이 와서 나를 간지럽게 하는가
아님 꽃잎으로 다가온 여인의 향기인가
붉은 입술의 키스는 얼마나 달콤하랴?

8월엔 꿈이어도 좋다.
아리온의 하프 소리를 듣고 찾아온 돌고래같이
그리워 부르는 노래를 듣고
보고픈 그 님이 백조를 타고
먼먼 밤하늘을 가로질러 찾아왔으면,

-8월의 소망 .... 오광수-

살아있는 자만이 아픔을 느낍니다. 깨어있는 사람만이 생명의 소중함을 압니다.
두려움과 공포는 살려는 의지에서 나옵니다. 희망도 좌절도, 기쁨과 슬픔도 결코
죽은 자에게는 단지 고장 난 시계의 멈춰진 삶일 뿐입니다.

2. 바람은 순서가 없고, 구름은 흘러가는 곳 묻지 않는다

오늘이 내일을 바라보며 말합니다. 게으른 어제보다, 성급한 내일보다 지금이 중요하다고.

산 위 계곡 바람이 제법 찹니다. 여름이 지나가고 가을이 다가오고 있다는 말이겠지요. 쭉쭉 뻗은 나무 사이를 뚫고 들어오는 햇빛과의 여름 전쟁이, 이제 끝나가고 있습니다. 성급한 사람들은 벌써 가을 이야기를 꺼내고, 울긋불긋한 오색 단풍의 가을 노래를 부릅니다. 이 모두가 자연의 섭리요, 이치입니다.

땅의 2층인 하늘 공간을 누비는 바람은 순서가 없고, 구름은 흘러가는 곳을 묻지 않습니다.

아침 해가 뜨면 반갑게 인사하고, 저녁노을 지면 다시 만날 것을 약속합니다. 매일 매일 뜨는 해고, 매일 매일 지는 태양이지만, 새로운 만남 새로운 기대감에 오늘을 어제로 보내고, 내일을 마중 나갑니다.
밤은 아무리 깊어도 하루를 넘기지 못하고 낮 또한 아무리 길어도 24시간을 갖지 못합니다.

시끄럽던 매미의 울음소리가 자취를 감추고, 시골 친정집 부엌의 귀뚜라미 울음소리가 하나, 둘 커질 때면, 깊은 밤 고독 속에 마음의 등불을 켭니다. 삶의 의미도, 화산 불처럼 뜨거웠던 한여름의 열정도, 차분히 가라앉히고 거울 속의 나를 되새겨 봅니다.

사람은 왜 왔다가 가는 것일까요? 보이지 않는 시간은 보이는 시간보다 왜 그렇게 빨리 지나가는 것일까요.?

이런 의문들을 좀 더 일찍 품고 그 해답을 구하려 끊임없이 노력했더라면, 지금의 내 모습은 보다 더 품위 있고, 보다 더 값진 삶이 되었을 것이라고 스스로 위로해 봅니다.

화려한 삶보다는 소박한 삶이, 지나친 큰 소리보다는 작고 나지막한 소리가, 무례한 삶보다는 겸손한 삶이, 우리 인생을 기름지게 만듭니다.

가을이 성큼 다가오기 전에 지금이라도 푸른 바람과 흰 구름에게 물어봐야겠습니다. 어디서 왔다 어디로 가는 것이 '인생'이냐고? 말없는 계절이 사람을 현자(賢者)로 만듭니다. 지금의 당신이 바로 그 계절 앞에서 서 있습니다.

사람은 왜 왔다가 가는 것일까요? 보이지 않는 시간은 보이는 시간보다 왜 그렇게 빨리 지나가는 것일까요.?
화려한 삶보다는 소박한 삶이, 지나친 큰 소리보다는 작고 나지막한 소리가, 무례한 삶보다는 겸손한 삶이, 우리 인생을 기름지게 만듭니다.

3. 나의 보름달이 웃고 있습니다

아침 조간신문을 꺼내 듭니다.

추석 냄새가 물씬 풍기는 신문 사이에 같이 끼어있는 선물 세트 팸플릿이 신문보다 무겁습니다. 새로운 소식과 함께 정(情)에 대한 그리움도 같이 묻어납니다. 부모님과 고향에 대한 그리움, 어릴 적 웃어른에게 받은 10원을 받고 마냥 즐거워하며 들떠 있던 '돈의 맛'도 느껴집니다. 지금은 하찮게 보이는 그 작은 동전 "10원의 값"이 소년 시절 "나의 행복값"이기도 했습니다.

가장 소중한 것은 가장 작은 것에 감사하는 마음에서 나온다는 것을 배울 수 있었음에도, 시골 뒷동산 위에 훤히 떠 있는 둥근 보름달을 보며 소원을 비는 햇수가 늘면서, 욕심의 병도 나이만큼 함께 채워졌습니다. 탐욕인게지요.

올찬 벼 이삭과 풋사과의 시큼함이 가을 냄새를 전합니다. 달콤한 포도 열매와 보랏빛 자두가 검게 그을린 농부의 얼굴을 떠올리게 만듭니다. 깊어지는 가을밤, 차가운 바람이 어느새 귀뚜라미 소리를 알리고, 촛불의 소중함이 등을 밝힙니다.

가을의 진정한 소중함은 수확에 있는 것이 아니라 감사하는 마음에 있습니다.

여름내 땀 흘려 일한 수고로움에 대한 보상이 아니라, 일할 수 있게 하여준 생명에 대한 감사, 뿌린 만큼 거둘 수 있게 한 땅에 대한 믿음의 감사, 그리고 겸손함으로 내일을 준비할 수 있게 해준 신(神)에 대한 감사가 그것입니다.

비록 이름 없는 꽃이라 들에 버려진 것 같지만 풀꽃도 가을을 맞습니다.

나태주 시인의 풀꽃은 이렇게 말합니다.

"자세히 보아야 예쁘다. 오래 보아야 사랑스럽다. 너도 그렇다"

올가을 추석 보름달은 자세히 봐야겠습니다. 지난해보다 좀 더 오래 봐야 겠습니다. 소원을 빌고 들어주는 욕심의 보름달이 아니라, '너도 그렇다' 라고 말하는 예쁘고 사랑스런 행복의 보름달로 만들어야겠습니다. 나의 보름달이 웃고 있습니다.

가장 소중한 것은 가장 작은 것에 감사하는 마음에서 나온다.
가을의 진정한 소중함은 수확에 있는 것이 아니라 감사하는 마음에 있습니다.

4. 그리움으로 달려가고, 외로움으로 돌아오는 길

하늘 위에 뜬 팔월 한가위 보름달을 봅니다.

달빛이 그 어느 때보다도 곱고 밝습니다. 이날 하루만은 길 떠난 나그네나 집 떠난 가족이나, 모두가 한자리에 모여 도란도란 이야기를 보태고, 옛이야기에 밤을 지새웁니다. 사소한 이야기 하나가 웃음꽃을 피우게 만들고, 멀리서 온 아들의 모습에 어머니의 미소가 보름달을 더욱 환하고 아름답게 만듭니다.

밤을 새우며 달이 차고 기울기를 하는 동안 우리들은 한 해 두 해 나이밥을 먹기 시작했고, 그 짧지 않은 시간이 추억을 만들고 고향을 그립게 합니다. 어느새 나는 '따로 똑같이, 똑같이 따로의' 도시의 찌든 생활 속에서, 명절 때면 끙끙 가슴앓이 향수병이 누름돌이 되고, 가을에 뚝뚝 떨어지는 은행처럼 길가에 내동댕이쳐집니다.

만남이 있으면 이별이 있고, 반가움이 있으면 섭섭함이 있음을 알면서도, 고향으로 달려갔다 돌아오는 길은 언제나 그리움으로 달려가고, 외로움으로 돌아옵니다.

사랑은 그리움의 시간 공간을 만들고, 이별은 외로움의 빈 의자를 내어줍니다. 언제나 내 자리였을 것만 같던 그 마음자리가 자꾸 좁아만지면서 "정(情)"이 그립습니다.

"외로우니까 사람이다"라고, 말하는 정호승 시인은 내가 있기 때문에 당신이 있는 것이 아니라, 당신이 있기 때문에 내가 있는 것"이라고 새벽 편지를 썼습니다.

떠나는 길은 아침이지만 돌아오는 길은 밤길입니다. 아침 길은 바쁘더라도 밤길만은 여유로웠으면 좋겠습니다. 어머님의 따뜻한 품과 아버지의 거친 손을 내 마음이 영원히 기억할 수 있도록 시간의 자물쇠를 채워 놓아야겠습니다.

"어머니, 아버지 오래오래 사세요."라는 나의 작은 목소리에 고운 달빛이 말합니다.

"부모님 섬기기를 하늘같이 다하여라, 내가 있기에 부모가 있는 것이 아니라, 부모가 있기에 내가 있는 것이다."

해와 달과 별과 바람은 하늘을 두고 다투지 않습니다. 그곳에는 서로를 그리는 정(情)이 있기 때문입니다. 팔월 한가위 따뜻한 나눔의 정을 잊지않고 내년 한가위때도 다시 찾기를 소원해 봅니다.

사랑은 그리움의 시간 공간을 만들고, 이별은 외로움의 빈 의자를 내어줍니다. 어머님의 따뜻한 품과 아버지의 거친 손을 내 마음이 영원히 기억할 수 있도록 시간의 자물쇠를 채워 놓아야겠습니다.

5. 미래는 준비된 자의 것이다

이른 아침 발길을 서둘러 뒷산을 오르다 보니 나팔꽃과 호박꽃이 담을 타고 곱게 피어 있다. 보랏빛 나팔꽃은 새색시처럼 수줍은 듯 담 사이로 숨어 피어 있고, 황금빛 호박꽃은 담을 넘어 엄마의 선한 얼굴처럼 활짝 웃고 있다.

아침 바람이 쌀쌀하게 느껴지는 만큼 푸른 빛 소나무도 청량하기보다는 외로워 보인다. 성급한 밤송이는 나뭇가지에서 떨어져 땅 위에 자신의 속 모습을 드러내 보이고, 아직도 제 짝을 찾지 못한 매미 소리는 온 힘을 다해 자신이 여기에 있음을 알린다.

"산은 산이요, 물은 물이로다"라는 성철 스님의 법어처럼 모두가 아침에 깨어나 제자리에서 자기 모습을 있는 그대로 지키고 있다.

10월은 모든 것을 새로 시작하고 준비하는 달이다. 10(십), 열이라는 숫자는 모든 것을 다 꽉 채운 것으로 아라비아 숫자 "1+0"의 조합으로 이루어져 있다. 10월은 모든 것을 마무리하여 수확과 결실을 거두는 가장 큰 수의 계절이기도 하지만, 처음 시작 '1'의 첫 달을 준비하는 달이기도 하다.

그래서 가을의 한복판 10월에는 농부들의 일손이 바빠지고 나비와 벌들은 꽃들을 찾아 분주하며, 매미와 귀뚜라미는 제 짝 찾기에 여념이 없다. 도토리를 모으러 나온 다람쥐의 종종걸음은 잽싸지고, 새끼를 지키려는 어미 닭의 울음 소리가 유난히 크게 들린다.

아깝지 않은 생명이 어디 있고, 죽지 않는 목숨이 어디 있으냐? 유독 가을에 더욱더 외롭고 쓸쓸함을 느끼게 되는 것은 '겨울'이라는 죽음에 앞서, 마지막 생에 대한 애착과 삶의 강한 욕구가 더욱더 강하게 느끼기 때문이리라 성공한 CEO는 씨앗 속에 열매를 본다고 했다.

모두가 풍성한 수확에 들뜬 마음으로 자랑과 과시를 하고 다닐 때, 현명한 CEO는 내년 봄의 새로운 꿈을 희망으로 노래한다. 다시 한번 올 한해 열심히 산 자신에대한 칭찬과 함께 감사의 마음으로 새로운 것에 대한 묵상으로 차분하게 준비하는 시간을 가져보자.

미래는 준비된 자의 것이다.

"산은 산이요, 물은 물이로다"라는 성철 스님의 법어처럼 모두가 아침에 깨어나 제 자리에서 자기 모습을 있는 그대로 지키고 있다.

6. 여름이라 우는 매미와 떠나라는 귀뚜라미의 오늘

이 가을에 보헤미안(Bohemian)을 꿈꾸어 본다. 사전에는 속세의 관습이나 규율 따위를 무시하고 방랑하면서 자유분방한 삶을 사는 시인이나 예술가라고 정의되어 있다.

잘 정돈된 질서 잡힌 삶보다는 무엇인가 엉클어져 있으면서도 낭만적인 삶이 정이 가고 그립다. 가을이 지나가면서 남기고 갈 황량함을 미리 걱정하다 보니 갑자기 모든 것들에 대해 새롭게 돌아보게 되고 소중하게 느껴진다.

자유롭게 떠돌며 사는 집시(Gipsy)들의 삶처럼, 갖고 사는 삶보다는 털고 사는 삶을 살아보고 싶다. 욕심내지 않고 주어진 현재의 삶 속에서 기쁘면 함께 큰 소리 내웃고, 슬프면 애절한 노래로 고통을 카타르시스 할 수 있는 혼자만의 고독이 아닌 여럿이 모여있는 뭉쳐진 삶을 살고 싶다.

슬픔은 나누면 나눌수록 작아지고 기쁨은 나누면 나눌수록 커진다고 했다.

그런데도 나이가 들면 이런저런 이유로 점점 혼자가 된다. 같이 있던 사람은 죽음으로 먼 길을 떠나고, 옆에 있던 사람은 어느새 버려져 잊히고, 자기도 그렇게 될지 모른다는 두려움에 시간의 고통 속에서 후회하며 산다. 그것인 자연의 이치인 줄 알면서도.

신은 우리에게 3가지 금을 주었다. 그것은 황금, 소금, 지금이다.

내가 없으면 아무리 귀한 황금도 빛과 같은 소금도, 지금보다 못하다. 그래서 할 일이 생각나거든 지금 해야 한다. 오늘은 해가 맑지만, 내일은 구름이 보일지도 모른다. 친절한 말 한마디가 생각나거든, 사랑한다는 말 한마디가 입에서 맴돌거든, 그리고 보고 싶다는 말 한마디가 하고 싶거든 지금 해라.

가을인데도 매미가 운다. 여름이 정녕 가려나 보다. 귀뚜라미도 운다.

낮에는 매미가, 밤에는 귀뚜라미가 운다. 아직은 여름이라고 우는 매미와 이제는 떠날 때라고 우는 귀뚜라미는 사실 같은 날 울고 있는 거다.

세상은 한 번에 바뀌지 않는다. 매미도 울고 귀뚜라미도 울고 그렇게 같이 울면서 여름에서 가을로 바뀐다.

'어제'라는 그 사람이 그토록 보고 싶어 했던 '오늘', 그 오늘의 지금은 가을이다.

친절한 말 한마디가 생각나거든, 사랑한다는 말 한마디가 입에서 맴돌거든, 그리고 보고 싶다는 말 한마디가 하고 싶거든 지금 해라.

7. 산은 자신의 키 높이를 자랑하지 않습니다.

햇빛이 푸른 하늘을 갈랐습니다.

왼쪽 설악산 대청봉 쪽의 하늘은 파란 가을 하늘로, 오른쪽 가리산은 구름 바다로 운무의 장관을 이뤘습니다. 이번 주 시간을 내서 설악산 서북 능선 귀때기청봉(1,577m)을 다녀왔습니다. 한계령에서부터 시작된 산행이 만만치 않으리라 예상은 했지만, 처음부터 거친 호흡이 나를 압도합니다. 산입니다.

산에 발을 내딛는 순간부터 자신과의 싸움이 시작됩니다. 산행 일정 때문에 앞서거니 뒤서거나, 서두르는 산악회 사람들이 있는가 하면, 두 사람의 연인, 또는 아들과 아버지, 딸과 엄마가 서로를 이끌어주면서 가을 바람 속에 격려와 칭찬으로 사랑과 정을 나눕니다.

몸과 마음을 괴롭히는 백팔번뇌(百八煩惱)의 계단을 시작으로 수도 없는 계단을 오르고 올라, 귀때기청봉으로 오르는 너덜길 지대에 이르는 광대한 설악산의 능선과 함께 구름 위에 떠 있는 듯한 운무의 멋진 풍경이 눈을 사로잡습니다.

중국 산둥성에는 세계유산 목록에 등록된 태산(泰山)이 있습니다. 설악산의 귀때기청봉과 비슷한 높이의 1,535미터의 옥황봉이 최고이며, 도교의 주요 성지로 장자는 매우 큰 것을 태산에 비유했습니다. 사람들은 산의 높이만큼 사람들의 노력과 수고로움을 보태고 감히 범접할 수 없는 높은 산일수록 신성시했습니다.

그런 면에서 태산과 귀때기청봉은 정반대입니다. 귀때기청봉으로 이름 붙여진 것 가운데 하나는 악산(돌산) 봉우리들이 높이 경쟁하여 서열대로 대청, 중청, 소청, 끝청이 결정되었는데, 나중에 한 봉우리가 나타나 자기가 제일 높다고 우기다가 귀때기를 맞아 지금의 장소로 멀리 쫓겨나 귀때기청봉으로 불리기 때문입니다.

산은 자신의 키 높이를 자랑하지 않습니다. 다만 산을 오른 사람들의 욕심이 산의 높이를 자꾸자꾸 높게 만듭니다. 귀때기청봉의 백팔계단을 내려오면서, 나의 욕심도 저만치 내려놓고 왔습니다.

내가 있어 산이 있는 것이 아니라, 산이 있어 내가 있는 것입니다.

산을 오른 사람들의 욕심이 산의 높이를 자꾸자꾸 높게 만듭니다.
산은 자신의 키 높이를 자랑하지 않습니다.

8. 참된 인생의 해답은 데칼코마니다

탁 트인 넓은 바다가 바닷바람을 실어 코끝에 전한다.

강화도에서 배를 타고 석모도 전득이 고개를 거쳐 가파른 해명산(327m)을 1시간쯤 올라오자, 황금 들판과 함께 푸른 하늘, 푸른 바다가 하늘과 땅을 반으로 접어놓은 데칼코마니같이 황홀한 모습을 보여준다.

누군가 눈을 감고 산을 오르다 보면 보는 것보다 더 많은 바람 소리, 새소리, 나무들의 속삭임에 귀를 세워 들을 수 있다고 했다. 그리고 어느새 보이지 않는 것에 대한 두려움을 떨쳐내고, 산과 하나가 돼 있는 자신의 새로운 모습을 볼 수 있다며 한 번쯤 시도해 보기를 권했다. 하지만 대부분의 사람들은 보는 만큼만 믿고 생각한 만큼만 이해한다.

산은 오르는 자에게 오른 만큼의 수고를, 아름다운 햇빛과 풍경으로 보상해준다.

한 걸음, 두 걸음 옮길 때마다 형형색색 다르게 보여주는 아름다운 풍경들을 눈으로 볼 수 있음에 감사하고, 산에서 뿜어나오는 소나무, 잣나무들의 숲 향기를 마음껏 마시고 소리칠 수 있는 것은 부지런히 산을 찾아 오른 사람들의 몫이다.

내가 현재 풍요롭게 누리고 있는 물질과 기쁨을 남과 함께 느끼고 나눌 수 있다면 그것은 자신의 삶에 대한 봉사요, 상대방에 대한 배려다.

산을 오른 사람이 산을 오르지 않은 사람에게, 눈으로 볼 수 있는 사람이 눈으로 볼 수 없는 사람에게, 그리고 걸을 수 있는 사람이 걸을 수 없는 사람에게, 같이 오르고 같이 보고, 같이 걸으려 한다면. 그것은 진정한 인생의 나눔이요, 삶의 행복이다.

우리들의 인생 노트는 데칼코마니와 같다.

산에 오르는 사람은 반드시 다시 내려와야 한다. 삶의 불행과 좌절의 반대편 쪽에는 행복과 희망의 그림이 있고, 실패와 힘듦의 대칭 쪽에는 성공과 기쁨이 있다.

거친 숨을 몰아쉬며 산에 오를 때마다 더 가깝게 잡고 싶은 높은 하늘과 구름, 쉼 없이 높은 곳에서 낮은 곳으로 떨어지는 작은 계곡 폭포 푸른 물줄기들의 소리가 원하는 것은 '내려 놓는 것'도 '버리는 것'도 아닌 '나누는 것'이다.

나누는 것은 내 것을 남에게 내주는 것이 아니라 반쪽인 나의 모자람을 채워주는 것이다. 성공한 인생은 내 인생의 반쪽을 찾는 것이 아니라, 내 삶의 반쪽을 나누는 것이다. 참된 인생 노트의 해답은 데칼코마니다.

내가 현재 풍요롭게 누리고 있는 물질과 기쁨을 남과 함께 느끼고 나눌 수 있다면 그것은 자신의 삶에 대한 봉사요, 상대방에 대한 배려다.

9. 서리 맞은 단풍이 봄꽃보다 아름답다

지난 10월 9일은 576돌 한글날로 대체공휴일까지 합쳐 3일간의 연휴를 즐겼다.

일부 노는 날이 너무 많다는 사람도 있지만 우리말을 아끼고 우리 문화를 세계에 알리는 데 '참 잘한 일'이라는 사람이 많으니 좋게 생각할 일이다.

'잘한 일'이라는 말은 '옳고 바르게 훌륭하고 능숙하게 한 일'이라는 좋은 뜻인데, 여기서 잘은 '억'의 순우리말로 '매우 큰' 의미가 있다.

한 전문 은행원이 사람이 1억을 세는 데 얼마나 걸릴까? 하고 조사를 해봤더니 "하나, 둘, 셋"하고 하루 8시간을 매일 셀 경우 4년 6개월, 1초에 하나씩 수를 셀 경우는 꼬박 10년이라는 세월이 걸린다는 계산이 나왔다. 현대인에게 '1억'이라는 숫자는 아직도 '큰 수','꿈의 수'임에 분명하다.

재미난 사실은 1억이라는 수를 세는 우리 뇌는 140억 개의 세포를, 우리 몸은 약 60조에서 100조 개의 세포로 구성되어 있다니 무한대의 우주 속에서 참으로 사람이 왜 '소우주'라고 불리는지 그 이유를 가늠케 한다.

인간의 수명을 70세라 할 때 사람의 몸에서 일어나는 일들을 살펴보면, 38,300리터 소변을 보고. 127,500번의 꿈을 꾸며, 27억번의 심장이 뛰고, 50톤의 음식물을 먹어 치우며, 49,200리터의 물을 마시고, 대략 3억리터의 피를 심장에서 온 몸으로 내보낸다. 눈은 40분의 1초씩 깜빡거려 총 3억 3천 3백만 번 깜빡이며,머리카락은 563km, 손톱은 3.7m가 자라고 남자는 4천억 개의 정자 생산을, 여자는 400개의 난자를 생산한다.

이에 비해 울고 웃을 수 있는 유일한 동물인 사람이 하늘의 이치를 알 수 있다는 지천명(知天命) 나이 70살, 평생 우는 횟수는 3000번이 고작이란 다.(웃는 횟수는 54만 번)

예부터 우리나라는 '남자는 일생동안 3번만 운다'라는 말이 있을 정도로 감정을 억제하는 것을 미덕으로 여겨왔다. 화가 나거나 슬프거나 분노가 일어나도 그것을 조절하지 못하는 사람은 성숙하지 못한 사람으로 교육받아 왔기에 감정 표현에 인색하다. 유독 한국인에게 화병(火病)이 많은 이유도 이 때문이다.

나이가 들면 미래의 시계를 보기보다는 과거의 시계를 되돌아보며, 감정이 점점 메말라져 간다. 기쁨의 눈물보다는 슬픔의 눈물을 흘릴 기회가 많아진다. 돌아가신 부모님이 그립고, 옛 벗이 생각나며, 고향으로 돌아가고 싶다.

가을 아침, 풀잎에 맺힌 이슬이 영롱하다. '음매 음매'우는 아기 염소는 엄마 품이 그립고, 한 잎, 두 잎 떨어지는 낙엽은 햇빛이 그립다. 가을이 운다.

푸른 빛을 깨치고 빨갛게 지는 해를 보며, 가을이 저만치 돌아서 운다. 가을이 우는 만큼 산들은 더욱 더 곱게 단풍으로 물든다.

당나라 때 시인 두목(杜牧)은 그의 시 산행(山行)에서 "서리맞은 단풍잎이 한창때 봄꽃보다 더욱 붉고 아름답다. (霜葉紅於二月花, 상엽홍어이월화)" 라고 표현했다.

진정 울어본 자만이 웃음의 참 의미를 아는 법이다. 이 가을에 54만 번째의 웃음꽃보다 3천 번째 서리맞은 단풍으로 울고 싶다.

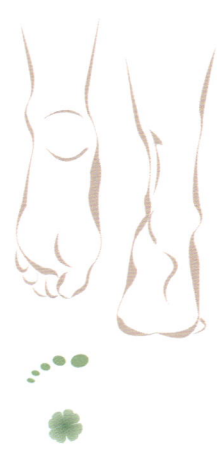

울고 웃을 수 있는 유일한 동물인 사람이 하늘의 이치를 알 수 있다는 지천명(知天命) 나이 70살, 평생 우는 횟수는 3000번이 고작이란다. 웃는 횟수는 54만 번

10. 팔만대장경 속에는 부처가 없다

우리말에 '척'이란 말이 있다. 한눈에 얼른 바로 알아보는 모양을 나타내는 말이다. "그 정도야 뭐 척 보면 알 수 있지' 따위의 등이다.

요즘 취업 시즌을 맞아 사람의 생김새를 보고 그 사람의 운명이나 재수 따위를 판단하는 "척 보면 압니다"의 그 관상(觀相)이 화제다.

중국 춘추시대(春秋時代) 진(晋)나라의 고포자경(姑布子卿)은 공자(孔子)의 상을 보고 장차 대성인(大聖人)이 될 것을 예언하였다고 하니, 관상학(觀相學, pysiognomy)의 역사는 줄잡아 2천 년이 넘는다.

관상학은 크게 달마상법과 마의상법 2가지 있는데, 달마상법은 남북조시대(南北朝時代)에 남인도에서 달마(達磨)가 중국으로 들어와 선불교를 일으키면서 후세에 전한 관상법이고, 마의상법은 송(宋)나라 초기에 마의도사(麻衣道士)가 만든 관상법이다. 관상학의 체계가 이때 비로소 확립되었다. 우리나라는 신라시대에 관상법이 전하여졌고, 고려시대에는 혜징(惠澄)이 관상술로 유명하였다.

그 후 조선시대를 거쳐 지금까지도 크게 유행하여 지난해 2013년에는 '관상'이란 영화가 9백 13만명의 관객을 동원하여 대한민국 관객 동원수 랭킹 13위에 오를 정도로 관심이 높았다.

설악산 신흥사 조실 무산 스님에게 꼬장꼬장한 한 할망구가 다가와 손목을 불끈 잡아 채어 스님을 빤히 쳐다보더니 한 마디 하는데,

'젊을 때 시원했던 낯 짝, 그 곱던 눈매 어떤 년 주고 이렇게 폭삭 늙어뿌

랬나?''중들은 늙지도 죽지도 않는 줄 알았는데 오늘 보니 이렇게 늙었노?'
그건 그렇고 '스님, 대체 우리 사는 의미가 뭐요?' '어떻게 하면 잘 사는 거
요?' 하는 거라, 그 질문 끝에 스님은 바로 말문이 막혔다. 꼼짝을 못했다.
80년을 살아도 어찌 사는 것이 잘사는 것인지 지금도 모른다는 자괴감이
들었다. 무산 스님이 말했다.

"해인사(海印寺) 팔만대장경은 골동품일 뿐이다. 좋게 말해 문화재다. 진
리가 아니다. 그 대장경 속에 억만 창생億萬蒼生)이 빠져 죽었는데. 건져도
건져도 건져지지가 않아, 무수한 중생들이 대장경(大藏經)바다에 빠져 죽
어 거기서 벗어나지를 못한다. 팔만대장경 속에는 부처가 없다."

절간에는 부처가 없다. 그렇다면 어디 있는고?
지금 여기..., 그대 눈앞에 벗어나지 않았거늘 어디서 찾는가?

어찌 사는 것이 잘 사는 것인지 지금도 모르겠는가?
인생은 척보면 아는 것이 아니라, 척하며 살아가는 것이다. 때론 아는 척,
때론 모르는 척, 살아가는 것이 진리다.

해인사(海印寺) 팔만대장경은 골동품일 뿐이다. 좋게 말해 문화재다. 진리가 아니
다. 그 대장경 속에 억만 창생億萬蒼生)이 빠져 죽었는데. 건져도 건져도 건져지지
가 않아, 무수한 중생들이 대장경(大藏經)바다에 빠져 죽어 거기서 벗어나지를 못
한다.

애플, 사과 한 입 베어 물면

제2장 애플, 사과 한 입 베어 물면

1. 인생에는 되물음표는 있어도 되돌이표는 없다

시간을 훔치는 도둑이 5월을 빼앗아 갔다.

낮은 점점 자신의 시간을 늘려 환한 대낮을 만들고, 밤은 점점 자신의 지배했던 밤의 공간을 조금씩 줄여간다. 다람쥐 쳇바퀴 같은 삶의 굴레 속에서도 시간은 매 순간순간마다 새로운 생명과 죽음을 반복해서 이어간다.

인생에는 되물음표는 있어도 되돌이표는 없다. 화살처럼 쏜살같이 날아간 시간은 되돌아오지 않는다. 하지만 날아간 시간 화살을 손으로 되잡을 수는 없어도 머리로 되짚어 볼 수는 있다. 삶의 복기(復棋:바둑에서, 한 번 두고 난 바둑의 판국을 비평하기 위하여 두었던 대로 다시 처음부터 놓아 봄)가 필요한 이유다.

1년 365일 가운데 맑게 갠 화창한 날이 있는가 하면, 흐리고 비바람 부는 몹시 사나운 날도 있다. 즐거운 날이 있는가 하면 슬픈 날도 있다. 아픈 날이 있는가 하면 건강한 날도 있다. 모든 것이 '하루'라는 시간의 기회가 있기 때문이다.

그 하루가 지나가 '과거'를 만들고, 또 다른 하루를 만들어 '새날'을 만든다. 어느덧 새날이 쌓여 삶의 나이테를 만들고, 만들어진 나이테의 틀 속에 내 자신을 가둬 놓는다. 지나온 인생길속에는 '후회라는 돈'이 인생 지갑 속에 쌓여 있다.

황금 인생을 만드는 다섯 가지 부자가 있다. 돈, 시간, 친구, 취미, 건강이다.

첫째 부자는 돈 부자다.'돈 부자'는 얼마나 가졌느냐가 아니고 얼마나 쓰냐에 달려있다.

둘째 부자는 '시간 부자'다. 어느덧 인생의 2분의 1 아니 4분의 3이 끝났다. 중년이다. 쓸데없는 일에 낭비하여 쫓기는 시간 가난뱅이가 되지 말고, 시간 부자가 되어야 한다.

셋째 부자는 '친구 부자'다. 친구가 많은 사람은 인생 후반이 넉넉한 진짜 부자다.

넷째 부자는 '취미 부자'다. 즐길 수 있는 일이 있어 나날이 설레기 때문에 늘 생기가 넘친다.

다섯째 부자는 '건강 부자'다. 건강이 빈곤하면 위의 모든 것이 무의미해진다.

인생 지갑에 이 다섯 가지 부자를 채우기 가장 힘든 것이 '시간'이다. 인간이 '영생불멸'을 탐하여 신의 생명나무에 열린 선악과를 따먹고 시간을 훔친 도둑이 된 순간부터, 시간의 사과나무는 언제 땅에 떨어질지 두려워한다.

모모의 작가 미하엘 엔데가 말한다. "세상에서 가장 기쁜 일은. 가장 멋진 일은, 바로 있는 그대로의 자기가 되는 것"이라고, 아직도 우리에게는 인생의 시간 지갑이 기다리고 있다.

인생에는 되물음표는 있어도 되돌이표는 없다.
지나온 인생길속에는 '후회라는 돈'이 인생 지갑 속에 쌓여 있다.
황금 인생을 만드는 다섯 가지 부자가 있다. 돈, 시간, 친구, 취미, 건강이다.

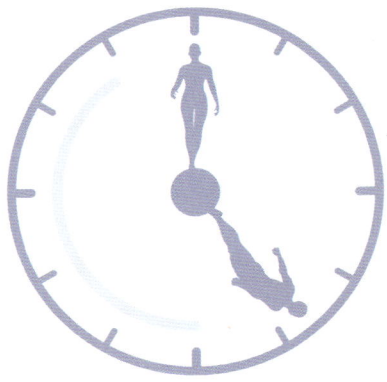

2. 백운(白雲)의 혼(魂), 그 앞에 이름을 새기다

푸른 하늘에 흰 구름이 걸려 있다.

6월 호국보훈의 달에, 북한산 백운대를 오르다 본 흰 구름은 말없이 나를 바라보고 있다. 마치 내가 산 아래를 내려다보듯이.

산의 정상을 밟으려다, 아니 산이 좋아 영원히 산과 같이 있고 싶어 하는 사람들이 머물러 있는 곳, 백운산장 "백운(白雲)의 혼(魂)" 위령탑 앞에서 잠시 생각을 멈춰본다.

하늘을 벗 삼아 바람 따라 흐르는 하얀 구름에도 영혼이 있을까?

마음의 벗을 찾기 위해 아무리 높은 산에 올라도 하늘에 닿을 수 없듯이, 아무리 흰 구름이 한곳에 머물고자 해도 바람은 끝없이 어디론가 떠나라 한다.

말 없는 청산은 사람에게 마음을 주어도 사람은 말 없는 청산에게 사랑만 빼앗아 갈 뿐이다. 그것이 인지상정(人之常情)이라 애꿎은 변명을 해도 어색하기는 마찬가지다. 정작 누워있는 사람은 말이 없는데, 서 있는 사람들이 말이 많다. 움직이지 않는 자는 한결같은데, 돌아다니는 자는 좋고 싫음에 한순간 변한다. 아마도 산을 찾는 많은 사람들이 대부분은 남을 위하기보다는 자기 자신의 만족을 위해서 오르지 않나 싶다.

자신의 등짐을 지고 한 걸음 한 걸음 오를 때마다 기쁨과 슬픔의 인생 발자국을 남기며, 뒤돌아볼 때마다 후회의 한 줌 눈물을 쏟는다. 산을 오를 때의 땀이 눈물이라면, 산에서 내려올 때의 땀은 축복의 빗물이다. 하늘에서 땅의 생명을 살리고 높은 곳에서 낮은 곳으로 나아가기를 마다하지 않는 시냇물 소리가 산을 살린다.

마른 흙을 적시고 푸른 숲에 초록을 더하는 하늘비가 흰 구름의 영혼이었음을 이제야 안다. 높은 곳에 있어도 자랑하지 않고, 낮은 곳에 내려와 하얀 옷을 흙탕물에 더럽혀도 그것이 참 생명을 주는 것이기에 오늘도 하얀 구름은 푸른 하늘에 걸려, 살며시 웃고만 있다.

여름이 왔으니 곧 검은 구름의 장마가 오리라. 왠지 구름을 불러 모으는 하늘 울음소리가 오늘따라 더욱 간절하고 그립게 느껴진다. 백운의 혼, 그 이름 앞에 오늘 내 이름을 새긴다.

하늘을 벗 삼아 바람 따라 흐르는 하얀 구름에도 영혼이 있을까?
정작 누워있는 사람은 말이 없는데, 서 있는 사람들이 말이 많다
자신의 등짐을 지고 한 걸음 한 걸음 오를 때마다 기쁨과 슬픔의 인생 발자국을 남긴다.

3. 애플, 사과 한입 베어 물면?

사과 한입 베어 문다. 6월의 장미 향기가 색깔로 묻어난다. 시원하고 달콤하다. 새콤한 맛이 머리를 맑게 하며 하얀 사과꽃을 떠올리게 한다.

중앙고속도로를 달리며 본 비탈진 산 언덕길의 사과꽃 향연이 봄의 즐거움을 주었듯, 여름 태양 빛의 뜨거운 늦더위를 사과 한 입의 청량감으로 날려 보냈다.

강한 쇠가 되려면 뜨거운 용광로에서 인내를 배우고 담금질의 시련을 겪어야 단단하고 좋은 쇠가 되듯이, 좋은 과일도 더위와 강한 햇볕을 참고 어려움을 이겨내야 알찬 열매를 맺는다. 내가 베어 문 이 사과도 그러했으리라.

지난해 더위에 화상을 입어 몸에 물집이 생기고 껍질이 벗어지거나 피부가 상했을 텐데도 별 이상이 없고 싱그러운 모습과 고운 빛깔로 우리를 감탄케 한다.

어느 날 몇몇 제자들이 소크라테스에게 물었다. "인생이란 무엇입니까?"

소크라테스는 그들을 사과나무 숲으로 데리고 갔다. 때마침 사과가 무르익는 계절이라 달콤한 과육 향기가 코를 찔렀다. 소크라테스는 제자들에게 숲 끝에서 끝까지 걸어가며 각자 가장 마음에 드는 사과를 하나씩 골라 오도록 했다. 단, 다시 뒤로 되돌아갈 수 없으며 선택은 한 번뿐이라는 조건을 붙였다.

학생들은 사과나무 숲을 걸어가면서 유심히 관찰한 끝에 가장 크고 좋다고 생각되는 열매를 하나씩 골랐다. 학생들이 모두 사과나무 숲의 끝에 도착했다. 소크라테스가 미리 와서 그들을 기다리고 있었다. 그가 웃으며 학생들에게 말했다. "모두 제일 좋은 열매를 골랐겠지?" 학생들은 서로의 것을 비교하며 아무 말도 하지 않았다. 그 모습을 본 소크라테스가 다시 물었다.

"왜? 자기가 고른 사과가 만족스럽지 못한가 보지?"
"선생님, 다시 한번만 고르게 해주세요." 한 제자가 이렇게 부탁했다.
"숲에 막 들어섰을 때 정말 크고 좋은 걸 봤거든요. 그런데 더 크고 좋은 걸 찾으려고 따지 않았어요. 사과나무 숲 끝까지 왔을 때야 제가 처음 본 사과가 가장 크고 좋다는 것을 알았어요." 다른 제자가 급히 말을 이었다.

"전 정반대예요. 숲에 들어가 조금 걷다가 제일 크고 좋다고 생각되는 사과를 골랐는데요. 나중에 보니까 더 좋은 게 있었어요. 저도 후회스러워요." "선생님, 한 번만 기회를 더 주세요."

다른 제자들도 약속이나 한 듯 이렇게 말했다. 소크라테스가 껄껄 웃더니 단호하게 고개를 내저으며 진지한 목소리로 말했다.

"그게 바로 인생이다. 인생은 언제나 단 한 번의 선택을 해야 하거든."

살면서 수없이 많은 선택의 갈림길 앞에 서지만, 기회는 늘 한 번뿐이다. 순간의 잘못된 선택으로 인한 책임은 모두 자신이 감당해야 한다. 중요한 것은 한 번뿐인 선택이 완벽해지길 바라는 일이 아니라, 때로는 실수가 있더라도 후회하지 않고 자신의 선택을 끌어안는 일이다.

오늘의 애플은 사과 애플(Appel)이 아니다. 스티브 잡스가 지식의 상징인 사과 한 입 베어 물었을 때, 아이폰 애플이 탄생했다. 새로운 IT혁명의 시작이었다.

애플의 공동 창립자인 스티브 잡스는 2007년 1월 9일에 아이폰을 처음으로 공개하였다. 이 발표는 아이폰뿐만 아니라, 스티브 잡스 자신의 경력에서도 가장 중요한 순간 중 하나로 꼽힌다. 이후로 애플은 2007년부터 현재까지 15종 31개 모델을 선보였다.

오늘 나의 불행은 언젠가 내가 잘못 보낸 시간의 보복이다.

- 윌리엄 베너드의 "위즈덤 스토리북" 중에서 -

강한 쇠가 되려면 뜨거운 용광로에서 인내를 배우고 담금질의 시련을 겪어야 한다. 스티브 잡스가 지식의 상징인 사과 한 입 베어 물었을 때, 아이폰 애플이 탄생했다.

4. 나무는 죽어서 비로소 나-무가 된다

큰 나무들이 쑥쑥 자라, 키 크기 자랑을 한다. 어느새 숲은 신록에서 짙은 녹음으로 바뀌고 무성한 나뭇잎들이 따가운 햇살을 가린다. 여름이다.

똑같이 콸콸 흘러넘치는 시냇물 소리도 더욱 크게 들리고 산에 모든 것들이 풍요롭고 당당하게 보인다. 생명을 뻗어내는 여름의 힘이다.

여름은 씩씩하다. 당당하다. 자신감이 넘친다. 삶의 힘이 푸른 기운을 타고 높이 높이 하늘로 솟구친다. 이때만큼은 산이 있어 내가 있는 것이 아니라 내가 있어 산이 있는 것이다.

산꼭대기 맨 위에서 발아래를 굽어보며 천하를 호령해 본다. 산의 메아리가 이 산 저 산을 돌아 잠시 되돌아오는 동안 삶의 이정표를 생각해 본다.

시간이 내어준 길을 따라 때로는 빠르게 때로는 느리게 여기까지 왔다. 산이 내어준 길을 따라 때로는 편하게, 때로는 힘들게 올라왔다. 분명한 사실은 되돌아 오는 메아리처럼 올라온 만큼 다시 내려가야 한다는 것.

어찌 보면 인생이란 큰 우주 속에 홀로 무한 시간의 블랙홀로 들어가는 것일지도 모른다. 그 곳에 숲이 있으면 어떻고 바다가 있으면 어떠랴? 그 곳으로 가는 길이 빠르면 어떻고 느리면 어떠랴? 하나의 점보다도 못할 터인데 --

김동찬 시인의 시조 '나-무'를 읽으며 "나(我)가 무(無)가 될 때" 행복해짐을 느낀다. 나무는 죽어서 비로소 나-무가 된다

나-무

소나무, 단풍나무, 참나무, 오동나무
촉촉하게 푸르게 살아 있는 동안은
나-무라 불리지 않는다
무슨 무슨 나무일 뿐

초록색 파란 것, 말랑말랑 촉촉한 것
꿈꾸고 꽃피고 무성하던 젊은 날
다 떠나 보내고 나서
나-무가 되는 나무

나무는 죽어서 비로소 나-무가 된다
집이 되고, 책상이 되고, 목발이 되는 나-무
둥기둥 거문고 맑은 노래가 되는 나-무

시간이 내어준 길을 따라 때로는 빠르게 때로는 느리게 여기까지 왔다.
"나(我)가 무(無)가 될 때" 행복해짐을 느낀다. 나무는 죽어서 비로소 나무가 된다

5. 비단옷을 입은 늙은 말과 붉은 땀의 천리마

푸른 숲을 뚫고 말이 시간을 내달린다.

청마(靑馬)는 나무와 나무를 가로질러 세상의 어려움을 모두 떨치고 앞으로 마음껏 내달렸다. 밝은 미래와 희망의 믿음을 갖고 지상과 천상을 잇는 전령으로 푸른 말은, 2020년 그 어느 때보다도 6개월을 숨 가쁘게 달려왔다. 코로나19와 힘겹게 싸우면서 우리 모두에게 희망을 주기 위해.

그런 청마가 있는가 하면 '털이 붉으며 토끼처럼 재빠른 말'이라는 붉은 말, 적토마(赤兎馬)도 있었다. 전설 속에 붉은 토끼는 왕이 덕을 펼치면 나타나는 상서로운 동물이라는 해석이 있어 붉은 말 역시, 청마 못지않은 상서로운 동물이다.

역사 속의 적토마는 중국 후한(後漢)의 여포(呂布)가 탔다고 전해지는 명마로 ≪삼국지연의≫에서는 여포에 이어 관우가 탔다고 전해진다. 오늘날에는 매우 빠른 말을 상징적으로 나타내는 말로 쓰인다.

또한 ≪삼국지연의≫에서 적토마는 붉은 색의 땀을 흘린다는 한혈마(汗血馬)의 하나로 서역(西域)과의 교역으로 얻었으며, 하루에 천리를 달릴 수 있는 희대의 명마로 묘사되어 있다

당송 팔대가의 한사람인 한유의 '잡설(雜說)'에 '백락일고(伯樂一顧)'라는 말(馬) 아닌 말(言)이 있다.

진나라 목공 때, 좋은 말을 잘 골라내는 손양이라는 사람이 있었다. 그의 별명은 중국 고대 전설에 나오는 천마를 관장하는 신의 이름을 따서 백락(伯

樂)이라고 불렸다. 백락이 한번 고개를 돌려 보아주면 말값이 열 배를 뛰었다. '백락일고(伯樂一顧)'는 여기서 유래된 말이다. 명마가 백락을 만나 세상에 알려진다는 뜻으로 아무리 뛰어난 사람이라도 알아주는 사람이 있어야 능력을 발휘할 수 있다는 말이다.

그런 백락이 어느 날 고갯길을 내려가다가 명마 한 마리가 소금을 잔뜩 실은 수레를 끌고 오르는 것을 보게 되었다. 분명 천리마인데 이미 늙어 있었다. 무릎은 꺾이고 꼬리는 축 늘어져 있었다. 자신의 처지를 안타까워하는 백락을 보고 천리마는 '히잉' 하고 슬픈 울음을 울었다. 명마로 태어났으면서도 천한 일을 하는 것이 서러웠다.

백락도 말과 같이 울면서 자기의 비단옷을 그 늙은 말에게 덮어 주었다. 그 말은 하늘을 쳐다보며 길게 울부짖은 후, 천천히 수레를 끌고 언덕을 다시 오르기 시작했다. 여기서 하루에 천리를 달리는 준마가 헛되이 소금 수레를 끈다는 의미의 '기복염거(驥服鹽車)'라는 고사성어가 나왔다.

한비자(韓非子)에 "태산에 부딪쳐 넘어지는 사람은 없다. 사람을 넘어지게 하는 것은 작은 흙무더기다"라는 말이 있다.

사람을 가려쓰는 유능한 CEO는 그 사람의 높은 태산(화려한 경력)만 볼 것이 아니라, 작은 흙무더기(흠)도 볼 줄 아는 안목이 있어야 한다.

> 태산에 부딪쳐 넘어지는 사람은 없다. 사람을 넘어지게 하는 것은 작은 흙무더기다.

6. 겸손은 사람을 머물게 하고 칭찬은 사람을 가깝게 한다

쑥쑥 커가는 나무의 힘을 본다. 숲속의 새들은 자신의 목소리를 담아 친구에게 전하고 햇빛은 푸르름에 가려 시원한 바람 속으로 숨는다.

생명의 힘이 넘치는 초여름이다. 사람이 아름다운 것은 커가는 힘에 있다. 몸이 크는 것만큼 마음도 깊고 넓게 커지면 맑은 호수와 커다란 산이 내 안에 들어온다. 그 안에 행복과 감사 나무를 심는다.

행복의 밑거름은 작은 일에도 감사하는 것이다. 감사의 마중물은 칭찬하는 것이다. 칭찬은 어린 나무에 주는 생명수다. 생명의 힘은 사랑과 은혜의 열매를 맺게 한다.

곧 장마가 시작된다. 시원한 빗줄기 속의 시련과 아픔을 견뎌낸 나무들이 여름 숲을 더욱더 우거지게 할 것이다. 누군가가 삶이란 우산을 펼쳤다 접는 일이요, 죽음이란 우산이 더 이상 펼쳐지지 않는 일이라고 한다.

행복은 우산을 많이 빌려주는 일이요, 사랑은 한쪽 어깨가 젖는 데도 하나의 우산을 둘이 함께 쓰는 일이다. 비를 맞으며 혼자 걸어갈 줄 알면 인생의 멋을 아는 사람이요. 비를 맞으며 혼자 걸어가는 사람에게 우산을 내밀 줄 알면 인생의 의미를 아는 사람이다.

세상을 아름답게 만드는 건 비요. 사람을 아름답게 만드는 건 우산이다. 한 사람이 또 한 사람의 우산이 되어줄 때, 한 사람은 또 한 사람의 마른 가슴에 단비가 된다. 사랑이란 우산 속의 내 얼굴이다. (좋은 글 중에서)

구름이 산을 넘는다. 바람이 호수를 가로질러 마음의 메아리에 잔잔한 물결 모양을 만든다.

"겸손은 사람을 머물게 하고, 칭찬은 사람을 가깝게 하고, 넓음은 사람을 따르게 하고, 깊음은 사람을 감동케 하니,마음이 아름다운 자여! 그대 그 향기에 세상이 아름다워라."

6월의 오늘 하루, 나는 장맛비 속의 쑥쑥 크는 행복 나무들을 위한 넓고 큰 우산이 되고 싶다.

비를 맞으며 혼자 걸어갈 줄 알면 인생의 멋을 아는 사람이요. 비를 맞으며 혼자 걸어가는 사람에게 우산을 내밀 줄 알면 인생의 의미를 아는 사람이다.

7. 뜨거운 여름을 나는 지혜는 기적을 부른다

뛰어가는 사람이 있다. 피해가는 사람도 있다. 포기하는 사람도 있다. 그리고 원망하는 사람도 있다. 하늘에서 내리는 비를 두고 하는 말이다.

여름 장맛비는 급하다. 몰아치듯 다가와서 거친 큰소리로 하늘을 울리고 땅을 때린다. 뜨겁게 달궈지고 갈라진 마른 대지의 아픔을 메우기라도 하듯, 성마르게 다그친다. 보이지 않게 하늘로 올라간 물방울의 힘들이 시원한 빗줄기로 쏟아지면 사람들은 기쁨으로 환호한다.

1959년 미국 여배우 케롤 베이커와 007의 주인공을 맡았던 로저 무어 주연의 영화 '기적 (奇蹟,MIracle)'이란 영화가 있었다.

스페인 수녀원에서 있던 테레사 수녀는 나폴레옹 전쟁에서 부상을 입은 영국군 장교를 치료하던 중 영국군 장교 마이클과 사랑에 빠져 수녀복을 벗어 놓고 야간잠행을 한다. 그러자 수녀원의 성모상이 하룻밤 새에 홀연히 잠적한 기적과 함께 그 후로 마을은 3년 동안 비가 내리지 않아 폐허가 된다.

그사이 수녀원을 떠난 테레사는 집시에 섞여 결혼을 하지만 그녀를 가운데 놓고 형제간에 칼부림이 일고 살인이 일어나 떠난다. 그리고 또다시 사랑한 투우사 역시 그녀에게 승리의 환호를 보내는 순간, 소에 받쳐 죽게 되고 그녀가 사랑하는 사람마다 죽는 비극을 맞는다.

그리고 마침내 어렵게 운명적으로 재회하여 영국군 장교 마이클과 결혼을 하지만 다시 전쟁에 휩싸여 영국군에 복귀한 마이클을 위해 테레사는 세속의 평탄한 길과 천국으로의 좁고 험난한 길에서 고뇌와 방황을 하게 되고, 간절한 기도로 계시를 청한다.

전쟁에서 마이클 살려달라고 온 몸을 바닥에 대고 간절하게 기도하는 순간, 마이클은 기적적으로 전쟁 포화속에서 생명을 구하고, 수녀원으로 그녀가 다시 돌아간 그곳에는 성모마리아가 다시 제자리에 자리를 잡고, 3년만에 단비가 내리는 '기적'이 일어난다.

중학교 때 이 영화속에서 사랑하는 남자를 살려달라 간절히 기도하는 테레사 수녀의 모습에 흠뻑 빠져 나는 영화를 또 보고 또 보았다.

하나님 앞에서 모든 것을 내려놓고 가장 낮은 곳에서 온 몸으로 기도를 드릴 때, 기적은 일어난다. 기적은 간절함이자, 구원이자, 생명의 은혜다. 기적은 믿음에 대한 하나님의 답변이다. 어쩌면 기적의 신(神)은 하늘 위에 있는 것이 아니라 내 자신(自信), 자기 스스로의 큰 믿음에 있는 지도 모른다.

거세게 내리는 여름 장맛비를 피할 수도 있고, 원망할 수도 있다. 하지만 시련과 고난은 내 자신의 기적을 위한 또 하나의 준비라면, 믿고 기다리며 작은 일에 감사하고, 기도하는 것이 현명한 CEO가 뜨거운 여름을 나는 지혜일 것이다.

하나님 앞에서 모든 것을 내려놓고 가장 낮은 곳에서 온 몸으로 기도를 드릴 때, 기적은 일어난다. 기적은 간절함이자, 구원이자, 생명의 은혜다. 기적은 믿음에 대한 하나님의 답변이다. 어쩌면 기적의 신(神)은 하늘 위에 있는 것이 아니라 내 자신(自信), 자기 스스로의 큰 믿음에 있는 지도 모른다.

8. 호랑이 바위를 뚫은 화살

사람이 아픈 데에는 이유가 있다.

먼저 '세월'이 나이라는 노년의 병을 가져온다. 연륜은 '인생의 경험'이라는 값진 선물을 주지만, 그 반대급부로 미래에 대한 삶의 시간을 가져간다. 해가 바뀌면 어린 사람은 한 살 더해지지만, 나이든 사람은 한 살 줄어든다.

가진 것 없는 사람은 가지지 못한 것에 대한 후회가, 잘 살지 못한 사람은 잘 살지 못한 것에 대한 안타까움이, 그리고 덧없는 세월에 대한 붙잡고 싶은 마음이 욕심을 키우고 불안에 잠 못 이루게 만든다.

왜 사느냐고 묻거든 "그냥 살며시 웃지요"라고 답하기까지에는 삶의 간절함에 대한 '마음 공양'이 필요하다.

중국 한(漢)나라 때 이 광이라는 명장이 있었다. 그는 본래부터 궁술이 뛰어난 집안에서 태어났다. 어느 날 사냥을 나섰다가 길을 잃었는데 문득 풀숲에서 커다란 호랑이가 자신을 노려보고 있는 것이 아닌가? 깜짝 놀란 그는 온몸의 신경을 집중해 호랑이를 향해 활시위를 당겼다.

그러나, 화살을 맞은 호랑이는 꿈쩍도 하지 않았다. 어쩐 일인가? 그는 천천히 조심스럽게 호랑이에게 다가섰다. 가서 보니 그것은 호랑이가 아니라 호랑이 모양의 바위였다. 놀랍게도 화살은 그 바위에 턱 하니 박혀 있었다.

그래서 그는 정신을 가다듬고 다시 한번 그 바위를 향해 화살을 쏘았으나, 화살은 바위에 튕겨 나가 부러졌다.

요즘 세상이 호랑이를 만난 것만큼 어렵다 한다. 여기저기서 아픈 소리가 펑펑 터져 나온다. 정신을 차릴 수 없을 만큼 빠르게 변화는 세상에 세월의 허무함을 탓할 수 없다. 시간의 속절없음을 나무랄 수도 없다. 시간은 가는 것이고 변화는 오는 것이다.

화살을 제대로 맞은 호랑이는 죽지만, 호랑이 모양의 천년바위는 끄떡없다. 살고 싶다는 간절함은 삶의 힘이다. 간절함은 삶의 꿈이다. 간절함은 성공의 씨앗이다. 간절함은 없던 길도 만들어 준다. 간절함은 몸과 마음이 하나 되는 몰입의 상태를 말한다.

많은 사람들이 성공하고 싶으나, 방법을 몰라 어떻게 해야 할 지 모른다고 한다. 간절함이 있으면 내 안에 있는 내가 그 방법을 찾을 수 있도록 끊임없이 안내해 준다. 간절함은 실패와 참담함을 딛고 다시 일어설 수 있는 용기와 자신감을 갖게 되는 방법이다.

화살 피한 호랑이는 절대 화살 꽂힌 호랑이 바위를 이길 수 없다.

왜 사느냐고 묻거든 "그냥 살며시 웃지요"라고 답하기까지에는 삶의 간절함에 대한 '마음 공양'이 필요하다.

9, 아름다운 정원을 가지려면 허리 굽혀 땅을 파야 한다

생노병사(生老病死)의 공통점은 무엇일까?

고통이다. 삶의 고통, 늙음의 고통, 아픔의 고통, 죽음의 고통, 모든 것이 고통의 바다. 고해(苦海)처럼 보인다.

그렇다면 생노병사의 또 다른 공통점은 무엇이 있을까?

기쁨이다. 새로운 생명의 경이로움과 탄생의 기쁨이 있는가 하면, 나이 들어 하나하나 배우고 익혀 알아가는 지식과 경험의 기쁨, 병든 이들을 고쳐주는 치유의 기쁨, 그리고 신께서 주신 소명(召命)을 완수했다는 책임의 기쁨.

이것이 있으면 저것이 있고, 저것이 있으면 이것이 있다는 인연처럼 고통과 기쁨은 함께 다닌다. 다만 고통이 먼저냐, 기쁨이 먼저냐의 차이일 뿐, 그리고 고통과 기쁨을 어떻게 맞느냐는 사람의 의지에 따라 고통은 기쁨이 되고, 기쁨은 고통이 되기도 한다.

사람이 태어나서 꼭 이겨야 할 5가지가 있다고 한다.
    1. 질병(疾病),
    2. 가난(家難),
    3. 무지(無知),
    4. 시련(試鍊),
    5. 자기(自己)다.
모두가 인생살이에 지뢰처럼 설치되어 있는 만만치 않은 적들이다.

질병과 싸우기 위해서는 건강 관리가 필요하고, 가난에서 벗어나기 위해서는 돈 버는 지혜가 있어야 하며, 무지의 어둠에서 벗어나기 위해서는 책 읽는 것과 모르는 것에 대한 물음을 게을리해서는 안 된다. 시련은 이런 것을 얻기 위한 고통의 과정이며, 이것을 결국 이뤄내는 것은 자기 자신을 올바로 세우기 위함이다.

이런 5가지 싸움에서 이기려면 이시형 박사가 인생내공(人生內功)에서 밝힌 바와 같이 돈, 시간, 친구, 취미, 건강의 다섯 가지 부자가 돼야한다. 즉 1.Money Rich 2.Time Rich 3.Friend Rich 4.Hobby Rich 5.Health Rich 의 리치맨이 돼야, 인생을 멋지게 살 수 있는 것이다. 인생을 멋지게 사는 궁극적인 목적은 행복이다. 행복하니까 사는 것이냐?, 행복하기 위해 사는 것이냐는 어떻게 생각하느냐에 따라 달라진다.

기쁨과 고통이 친구이듯이, 행복과 불행도 친구다. 세상에는 행복하기만 한 사람도 없고, 불행하기만 한 사람도 없다.

참 인생의 행복을 맛보려면 행복을 위해 노력의 페달을 밟아야 하고, 불행에서 벗어나려면 마음의 빗질을 통해 깨끗이 청소해야 한다.

규모가 크든 작든
온갖 꽃들이 피어나는
정원을 갖고 싶다면
허리 굽혀 땅을 파야 한다.

원한다고 해서 그냥 얻어지는 건
이 세상에 없으니,
우리가 원하는 그 어떤 가치 있는 것도
반드시 노력에서 얻어야 한다.

그대가 무엇을 추구하든지 간에
그 속에 감춰진 원리를 생각하라.
수확이나 장미꽃을 얻기 위해서는
누구나 끊임없이 흙을 파야만 한다. -- 에드가 게스트의 '수확과 장미꽃'

사람이 태어나서 꼭 이겨야 할 5가지가 있다고 한다. 1. 질병(疾病), 2. 가난(家難), 3. 무지(無知), 4. 시련(試鍊), 5. 자기(自己)다. 모두가 인생살이에 지뢰처럼 설치되어 있는 만만치 않은 적들이다.

10. 8월의 편지, 당신의 8월을 찾으십시오

철길에는 역이 있습니다. 쉼 없이 달려온 기차들을 잠시 쉬어가라고 만들어 놓은 곳이지요.

삶의 여정에도 간이역과 같은 크고 작은 역들이 있습니다. 자신도 모르게 문득 지나칠 때도 있지만 실패와 좌절로 자신의 삶이 비틀거릴 때, 혹은 보다 나은 삶의 모습을 위해 새로운 충전이 필요할 때, 우리는 잠시 '휴식' 또는 '휴가'라는 말을 떠올립니다.

8월은 뜨거운 여름 햇볕 아래 자신의 일상을 잠시 쉬어가라고 '휴가'라는 간이역을 만들어 놓았습니다. 나무 그늘에 책과 더불어 지혜의 여유를 부려보기도 하고, 산에서 불어오는 바람을 맞으며, 삶의 참맛을 느끼기도 합니다.
푸른 바다가 넘실대듯 마음을 설레게 하는 그 떨림이 내가 살아있음을 감사하게 합니다. 펄떡이는 물고기에 떨리는 손을 맡기고, "생명의 힘이란 이런 것이구나" 다시 한번 생각하게 합니다.

청자연적의 비색에서 신비로움을 느끼기도 하고, 조선백자 달항아리에서 '여유로움'의 조용한 숨소리를 듣습니다. 금동 미륵보살 반가사유상의 미소에서 한없는 천년의 미소를 흉내 내며, 나만의 깊은 고독에 빠져보는 것도 '휴(休)'가 주는 힘입니다.

살구, 자두, 복숭아들의 여름 과일들을 한 광주리에 가득 담아 달콤한 향기의 맛과 멋을 친구들에게 자랑해 봅니다. 농익은 포도는 보랏빛 색깔을 더욱더 진하게 뽐내며, 여름 베짱이는 푸르름의 아쉬움을 노래합니다. 매미는 쭉쭉 뻗은 나무 위에서 사랑의 짝을 그리워하며 노래하고, 빨간 고추잠자리들의 비행은 가을의 코스모스를 부릅니다.

계곡의 푸른 물소리가 그치기 전에 어서 길을 떠나야겠습니다. 도망가는 시간을 멈출 수는 없지만 달려온 시간을 머물게는 할 수 있습니다. 휴가는 '멈춘 삶'이 아니라 '머무는 삶'입니다. 여행은 떠나는 것이 아니라 돌아오는 것입니다. 길을 떠나는 자만이 돌아올 수 있습니다. 목표를 가진 자만이 쉬어가는 용기가 있습니다. 꿈이 있는 사람은 새로운 삶의 여정을 위해 자신을 내려놓고 잠시 비움의 마음을 갖습니다.

삶이 아름다운 이유는 잠시 멈춰서서 자신을 돌아볼 수 있는 여유가 있기 때문입니다. 8월의 당신을 찾으십시오. 9월이 오면 당신의 8월은 시간의 끝에서 저만치 미소 짓고 있을 테니까요.

휴가는 '멈춘 삶'이 아니라 '머무는 삶'입니다. 여행은 떠나는 것이 아니라 돌아오는 것입니다. 길을 떠나는 자만이 돌아올 수 있습니다.

인생의 정답은 오답이 정답이다

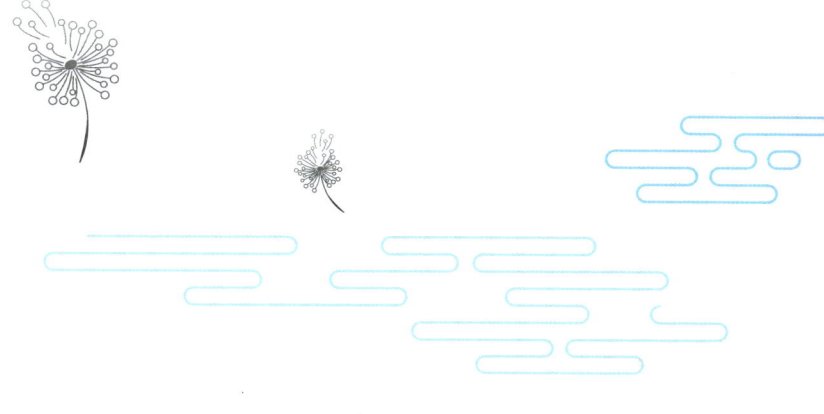

제3장 인생의 정답은 오답이 정답이다

1. 내일은 오늘 사용한 말의 열매다

하늘(天)과 땅(土), 그리고 사람(人)의 각기 한자 한 획을 더하고 뺌에 따라 우주의 기본인 천지인(天·地·人)이 만들어졌다.

하늘을 이고, 땅을 디디며 살아가는 인간의 바른 규범을 공자(孔子)는 두 사람 사이의 바른 올바른 관계 "어질 仁(仁 = 人 + 二), 즉 인간다움"으로 해석했다.

올바른 관계를 맺는 방법 중에는 믿음, 진실, 칭찬, 배려 등 많은 비결이 있겠지만 그 가운데서 빼놓을 수 없는 것이 소통의 수단인 "말"이다.

어떤 부인이 수심에 가득 찬 얼굴로 한 정신과 의사를 찾아왔다.

"선생님 저는 더 이상 남편과 같이 살기 힘들 것 같아요. 그 사람은 너무 신경질적이고 자기가 하고 싶은 대로만 하고 살아요."

그 말을 들은 의사는 잠깐 생각에 잠겼다가 입을 열었다.

"우리 병원 옆으로 조금 가시다 보면 작은 샘물이 하나 있답니다. 그곳은 신비의 샘으로 유명한 곳입니다. 그 샘물을 통에 담아 집으로 들고 가십시오. 그리고 남편이 집으로 돌아오시면 그 물을 얼른 한 모금 드십시오. 절대 삼키시면 안 됩니다. 그렇게 실행한다면 아마 놀라운 변화가 있을 겁니다."

부인은 의사의 말대로 우물에서 물을 얻어서 집으로 돌아갔다.
그날 밤늦게 귀가한 남편은 평소처럼 아내에게 불평 불만을 털어놓기 시작했다. 예전 같았으면 부인도 맞받아쳐 싸웠을 테지만 그날은 의사가 가르쳐 준 대로 신비의 물을 입안 가득히 머금었다.

그러고는 물이 새지 않도록 입술을 꼭 다물었다. 그렇게 한참을 지나자, 남편의 잔소리는 잠잠해졌다. 그날은 더 이상 다툼이 되지 않아 무사히 하루가 지나갔다.

남편이 화를 낼 때면 부인은 어김없이 그 신비의 물을 입에 머금었고, 그것이 여러 차례 반복되면서 남편의 행동은 눈에 띄게 변해갔다.

먼저 신경질이 줄어들었고, 아내에 대해 막 대하던 행동도 눈에 띄게 변해갔다. 부인은 남편의 변한 태도에 너무도 기뻐 의사에게 감사 인사를 전하러 갔다

"선생님, 너무 감사합니다. 그 신비한 샘이 너무도 효능이 좋더군요. 우리 남편이 싹 달라졌다니까요"

의사는 부드러운 미소를 머금으며 이렇게 말했다.

"당신이 남편에게 기적을 일으킨 것은 그 물이 아닙니다. 당신의 침묵입니다. 남편을 부드럽게 만든 것은 그 침묵과 이해 때문입니다."

오늘은 어제 사용한 말의 결실이고, 내일은 오늘 사용한 말의 열매다. 내가 한 말의 95%가 나에게 영향을 미친다. 말은 뇌세포를 변화시킨다. 말버릇을 고치면 운명도 변한다.

올바른 관계를 맺는 방법 중에는 믿음, 진실, 칭찬, 배려 등 많은 비결이 있겠지만
그 가운데서 빼놓을 수 없는 것이 소통의 수단인 "말"이다.

2. 천 줄기 바람, 오늘도 나무속에 바람이 운다

11월에 마음의 문을 살포시 연다.

해는 한여름에 언제 그랬냐는 듯이 산 너머로 붉은 꼬리를 감추고 나무가 찬바람 속에 서서 추위를 맞는다. 온 산을 울긋불긋하게 물들였던 화려한 10월의 꽃 잔치는 지나가고 이제는 나무 홀로 자신의 질긴 생명을 지켜준 발아래 땅과 말 없는 대화를 한다.

나무는 눈 부신 햇살에 하늘로 높이 높이 쳐들었던 가지를 접고 스스로 옷을 벗어 황량한 겨울 채비를 한다. 초겨울의 짙은 향기가 나무 숲속에서 배어 나온다.

대나무가 속을 비우는 까닭은 자라는 일 말고도 중요한 게 더 있다고 했다. 바로 제 몸을 단단하게 보호하기 위해서다. 대나무는 속을 비웠기 때문에 어떤 강풍에도 흔들릴지언정 쉬이 부러지지 않는다고 했다.

오랫동안 한곳에서 천 년 동안의 고독을 지켜왔던 은행나무도, 높은 벼랑 끝에 고고하게 서 있는 소나무도 늘 그 자리 한 곳에서 꿋꿋이 생명을 지켜 왔기에 더욱 빛이 나는 것이다. 오직 있는 그대로의 현실을 받아들이고 인내하며 또 다른 한 해의 새 생명을 위해 몸으로 겨울을 품는다. 나무들은 이제 말한다. 어제의 내가 아님을--

내 무덤 앞에 서지 마세요
풀도 깎지 마세요
나는 그곳에 없습니다
나는 그곳에서

자고 있지 않아요

나는 불어대는 천 개의
바람입니다
나는 흰 눈 위 반짝이는
광채입니다

나는 곡식을 여물게 하는
햇볕입니다
나는 당신의 고요한 아침에
내리는 가을비입니다

나는 새들의 날개 받쳐주는
하늘 자락입니다
나는 무덤 위에 내리는
부드러운 별빛입니다

내 무덤 앞에 서지도
울지도 마세요

나는 그곳에 없답니다.　　- 인디언의 전래 시 '나는 천 줄기 바람'

오늘도 나무속에 바람이 운다. 내일의 꿈은 오직 인내와 용기로 살아있는 자만의 것이다. 길은 선택하는 사람의 것이고, 행복은 지키는 사람의 것이다.

대나무는 속을 비웠기 때문에 어떤 강풍에도 흔들릴지언정 쉬이 부러지지 않는다고 했다.

3. 현명한 사람은 흔들리는 갈대가 된다

밤참이나 간식거리로 옛사람들의 사랑을 받아온 것 가운데 강정이 있다. 하지만 기름에 한껏 부풀려 튀겨서 속이 비었기에 '속 빈 강정'은 속에는 아무 실속이 없이 겉만 그럴듯한 것을 비유하여 이르는 말로 선인들은 좋지 않은 속내를 보였다.

강정처럼 단단해 보이지만 속이 빈 것으로 늪·강기슭·습지 등 물가에서 흔히 자라는 여러해살이풀인 갈대가 있다. 2~4미터쯤 자라고 줄기의 속은 비어 있으며, 잎은 30~50센티미터 정도 된다. 잎 가장자리가 날카로워 손을 베기 쉽고 꽃이삭은 길이가 15~40센티미터쯤 되는데, 꽃에 명주실 같은 털이 많이 덮여 있어 가을바람에 날아갈 때 장관을 이룬다.

억새가 단풍과 더불어 가을 산의 화려함을 더하는 귀공자라면, 갈대는 늪과 습지의 어머니로서 가을의 울타리다. 철새들에게 보금자리를 제공하고, 각종 생태계를 보호해 주는 바람막이 역할을 해준다.

옛날 한 가난한 농사꾼의 어린 아들이 갑자기 열병에 걸려 정신이 혼미하고 헛소리를 했다. 아이의 아버지는 급히 약방으로 달려갔다.

약방 주인이 말했다. "열을 내리는 데는 영양각이 좋은데 값이 비싸네. 은 열 냥은 있어야 줄 수 있다네."

영양각이 열을 내리는 데 효과가 좋긴 하지만 다른 값싸고 좋은 것이 있는데도 약방 주인은 주로 비싼 것만을 팔아 이익을 많이 챙기고 있었다. 농부는 돈이 없어 약을 구하지 못하고 어쩔 수 없이 집으로 돌아와 아이 옆에 앉아서 눈물만 뚝뚝 흘렸다.

이때 한 거지가 그 집에 밥을 구걸하러 들어왔다가 눈물을 뚝뚝 흘리고 있는 농부를 보고는 자초지종을 묻더니, 저수지로 가자고 잡아끌었다. 저수지 옆에는 갈대가 무성했다. 거지는 갈대 뿌리를 캐서 농부에게 주었다.

"이것을 아이에게 달여 먹이면 열이 내릴 것입니다." 거지의 말대로 얼마 지나지 않아 아이는 열이 떨어지면서 정신이 바로 돌아왔다. 농부는 몹시 기뻐하며 그 거지를 친구로 삼았다. 그 후로 갈대 뿌리는 열을 내리는 약으로 널리 쓰이게 되었고 그 마을 사람들은 다시 그 인색한 약방을 찾지 않았다고 한다.

갈대 뿌리에는 당분·고무질·단백질·무기염류 등이 들어 있어 이뇨·지혈·발한·소염·지갈·해독·진토(鎭吐) 등의 다양한 약리 효과가 있는 매우 귀중하게 쓰이는 약초이지만, 너무 흔하므로 그 중요성을 잊기 쉽다.

더욱이 문학이나 노랫말 속의 갈대는 바람이 불 때마다. 이리저리 흔들리는 연약하거나 변덕스러운 여인의 마음으로 표현되어, 속 빈 강정 취급을 받기 일쑤다.

그런 속이 빈 갈대가 가을이 되면 "언제부턴가 갈대는 속으로 조용히 울고 있었다. 어느 날 밤 그의 온몸이 흔들리는 것은 바람도 달빛도 아닌 자기의 조용한 울음이었다는 것을 깨달았다. 그리고 산다는 것은 속으로 이렇게 조용히 울고 있는 것이라는 것을 그는 몰랐다."

--- 신경림의 '갈대' 일부에서 발췌

갈대가 흔들리는 것은 모든 것을 자신의 탓으로 돌리고 원망과 질투의 속마음을 다 비어내어 가볍기 때문이다. 갈대가 자유로운 것은 흔들리기 때

문이다. 흔들릴 수 있다는 것은 붙잡힘의 구속에서 벗어났기 때문이다. 하루하루 꽉 찬 시간의 바쁜 일상에서 가끔은 흔들리는 갈대, 생각하는 갈대가 되어보자.

현명한 사람은 모든 잘못을 타인에게서가 아니라 자기 자신에게서 찾는다,

갈대의 온몸이 흔들리는 것은 바람도 달빛도 아닌 자기의 조용한 울음이었다는 것을 깨달았다. 그리고 산다는 것은 속으로 이렇게 조용히 울고 있는 것이라는 것을 그는 몰랐다.

4. 참새가 큰 물소보다 물을 더 많이 마실 수 있는 이유

물을 많이 마시면 늙지 않는다고 한다. 입을 통해 체내로 들어간 물은 심장을 거쳐 30초 만에 혈액에 퍼져 20분이면 각 장기의 세포에 전달된다.

이 과정에서 영양분과 산소를 운반하고 혈액순환을 도우며, 체형과 신체 균형을 유지하고 체온을 조절하는 역할을 한다. 또한 몸속에 있는 독소를 씻어내거나 용해하기도 한다. 물을 마신 후 소변, 땀으로 배출되기 전까지 24시간 동안 생명을 유지하는 데 결정적인 역할을 하는 셈이다.

성인이 하루에 마셔야 할 물의 양은 대략 2ℓ 정도이지만 최근 한 대학병원 조사에서 우리나라 물 섭취량은 남성이 980㎖, 여성은 740㎖ 정도에 불과했다.

몹시 무더운 날에 물소 한 마리가 더위를 식히느라 강가의 나무 그늘에 있었다. 그때 참새가 날아와서 나뭇가지에 앉는 걸 보고 물소가 참새에게 말했다.

"너같이 작은 새라면 물 한 방울이면 갈증이 충분히 해소되지 않냐? 그런데 뭐 하러 여기까지 날아왔느냐? 아무 곳에서나 물 한 방울로 갈증을 해결하지…"

그 말을 들은 참새는 몹시 불쾌하게 생각했다. '내 몸집이 작다고 네가 날 무시하고 놀리는 거야?' 나무 위에 있던 참새가 보니까 썰물 때가 되어 강물이 빠지고 있는 걸 보고, 꾀를 내어 물소에게 말했다. "야, 몸집이 작다고 날 무시하지 마라. 몸집이 작지만 너보다 훨씬 물을 많이 마실 수가 있다구…"

그러자 물소가 코웃음을 치면서 "그 몸집에 무슨... 나보다 물을 더 많이 마실 수 있다고? 웃기고 있네..." 그러자 참새가 물소에게 "그럼 우리 내기해 볼래?" "그래 좋아... 누가 물을 더 많이 마시는가? 한번 시합해 보자."

덩치 큰 물소가 "내가 먼저 강물을 마시겠다." 하면서 강물을 들이켜 마셨다. 그런데 아무리 물을 마셔도 강물이 좀처럼 줄어들지 않았다. 한참 물을 마시다가 더 이상 물을 마실 수가 없어서 물소가 고개를 들면서, "이제 더 이상 못 마시겠다." 그러자 참새가 물속에 부리를 넣고 물을 마시는 척하면서 계속해서 썰물을 따라가는데, 강물이 줄어든 것처럼 보였다. 이 참새는 지혜가 있었다. 썰물 때를 몰랐던 물소는 자신이 감쪽같이 속은 줄 모르고 힘없는 목소리로 말했다.

"넌 나보다 몸집이 작은 데도 물을 더 많이 마시는구나."

서울을 비롯한 수도권의 대형 병원이 스펀지로 물 빨아들이듯 환자들을 독식한다고 아우성친다. 이럴 때일수록 덩치 큰 물소를 이긴 참새의 지혜가 CEO에게는 필요하다. 오아시스가 있다고 누구나 물을 마실 수 있는 것은 아니다. 물도 찾는 자만이 마실 수 있다.

성인이 하루에 마셔야 할 물의 양은 대략 2ℓ 정도이지만 최근 한 대학병원 조사에서 우리나라 물 섭취량은 남성이 980㎖, 여성은 740㎖ 정도에 불과했다.

5. 수확은 뿌린 자의 기쁨, 감사는 겸손한 자의 행복

벼 모종들이 한낮의 뜨거운 여름 볕을 온몸으로 맞고 모진 비바람을 견뎌내며, 어느새 황금 들판을 이루었다. 곱디고운 생명의 초록빛을 뽐내던 벼꽃(도화, 稻花)이 햇빛과 물, 그리고 바람을 자양분 삼아 여름을 훌쩍 지나 성숙한 여인처럼 고개를 떨구고 있다.

자연의 힘은 그런 것이다. 스스로 견디고 때가 되면 숙일 줄 알고, 때가 되면 다음을 위해 스스로 자신을 놓아버린다. 얼마 안 있으면 나무들은 단풍으로 울긋불긋하게 옷 색깔을 갈아입고 올 한 해 마지막 산의 화려함을 장식할 것이다.

봄, 여름, 가을, 겨울 네 계절의 변화는 자연에 대한 시간의 믿음이다. 계절이 간혹 빠르고 느릴 수는 있어도 지나칠 수는 없다. 땀 흘린 농부의 수고가 수확이 많고 적음을 탓할 수는 있어도 헛되다고 말할 수 없는 것과 같다. 땅에 대한 생명의 믿음이 없다면 농부는 씨앗을 뿌리지 않았을 것이다.

수확은 뿌린 자의 기쁨이다. 결실은 거둔 자의 축복이다. 감사는 겸손한 자의 행복이다. "콩 심은 데 콩 나고 팥 심은 데 팥 나는 것"은 뿌린 대로 거둔다는 성실함을 말한다.

옛날 한 할아버지가 살았다. 할아버지한테는 세 아들이 있어서 농사일도 끄떡없이 해냈다. 할아버지는 논밭을 세 아들 중 한 아들에게 물려주기로 결심했다. 아무래도 농사를 잘 거두려면 며느리가 살림을 잘해야겠다 싶어서 슬기롭고 부지런한 한 며느리를 뽑아서 논밭을 물려줘야겠다고 생각했다.

어느 날 할아버지가 짚신을 신기려고 짚을 추리는 데 벼 이삭 세 개가 떨어졌다. 할아버지는 세 며느리를 불러서 벼 이삭 한 개씩 나누어줬다. 맏며느리는 벼 이삭을 까서 밥 지을 때 털어 넣었다. 둘째 며느리는 벼 이삭을 끈으로 묶어서 단단히 매달아두었다. 그런데 막내며느리는 소쿠리로 덫을 만들고는 벼 이삭을 미끼로 두었다. 그러자 배고픈 참새 한 마리가 벼 이삭을 쪼아 먹으려다가 냉큼 걸리고 말았다.

막내며느리는 참새를 달걀과 바꾸고 달걀을 병아리로, 병아리를 다시 암탉으로, 그리고 그 암탉을 팔아 돼지로 바꾸고, 돼지도 새끼를 내어 다시 송아지를 사서 누런 황소로 키웠다. 할아버지는 막내며느리에게 논밭을 물려주었고, 지혜로운 며느리는 힘든 농사일을 척척 해내며 수확한 곡식을 골고루 나눠 삼 형제가 사이좋게 살았다고 한다.

강한 자만이 산을 넘을 수 있다. 산을 넘으려면 힘든 고통도 이겨내야 하고 올바른 길을 찾을 줄 아는 지혜도 필요하다. 가을은 수확을 통해 우리에게 기쁨과 축복을 알게 해주며, 또 다른 결실을 위해 감사의 마음으로 순종케 한다.

자신의 거둠에 감사한 자는 겸손함의 힘을 알고, 씨앗을 뿌린 자는 기다릴 줄 안다.

봄, 여름, 가을, 겨울 네 계절의 변화는 자연에 대한 시간의 믿음이다. 계절이 간혹 빠르고 느릴 수는 있어도 지나칠 수는 없다. 땀 흘린 농부의 수고가 수확이 많고 적음을 탓할 수는 있어도 헛되다고 말할 수 없는 것과 같다. 땅에 대한 생명의 믿음이 없다면 농부는 씨앗을 뿌리지 않았을 것이다.

6. 인생의 정답은 오답이 정답이다

가을은 여행하기 좋은 계절이다.

덜컹거리며 꼬불꼬불 산길을 누비는 버스가 그립다. 자전거로 숲길을 가르며 와닿는 시원한 바람이 좋고, 파란 하늘에 가뿐히 올라서는 비행기의 느낌이 목화솜처럼 부드럽다.

때로는 둘레길을 걸으면서 직접 땅을 밟고 하늘을 바라보면서 마음껏 소리칠 수 있는 여유가 사람들을 자유롭게 한다.

자연과 벗하면 늘 겪는 일상으로 지루하기만 할 터인데, 삶이란 그늘에 옥죄어 스스로 내가 갖고 있는 자유를 구속하고 그 속에서 허덕이며 산다.

그래서 나는 여행은 간 큰 남자의 위대한 결정이라 한다.
여행을 떠난다는 것만으로 기대 반 셀렘 반으로 흥분되지만, 낯선 곳에 대한 두려움은 팽팽한 긴장감을 가져다준다. 대담(大膽)하다는 말은 그래서 나왔는지 모른다.

어딘가 목적지를 향해 집을 나서는 것은 일종의 새로운 도전이다. 언어, 음식, 풍속에 이르기까지 편안하고 익숙한 것들과 결별하고, 새로운 것들과 불편하고 처음인 것들과 만나 부딪치는 것이다.

내가 왜 여기에 왔을까? 묻기 이전에 낯선 곳과 친숙해지고 새 사람들과 만나는 동안 무엇인가 뭉클하게 가슴을 채울 수 있는 것은 여행을 떠나기 전 마음을 비우고 새것을 채우기 위한 준비가 돼 있었기 때문이다.

어제 문득 사람은 손을 움켜쥐고 태어나서 펼치고 떠나간다는 생각이 들었다. 사람이기에 욕심이 없을 리 없고 사람이기에 완전할 수는 없겠지만, 그래도 한 번쯤은 잘 살아왔다는 말을 듣고 싶은 것이, 사람이라면 마땅히 한 번쯤은 가져봤을 것이다.

천상병 시인처럼 이슬과 더불어 손잡고 노을빛과 단둘이 마주 서서 구름 손짓에 하늘로 돌아가는 날, 아름다운 이 세상을 소풍 끝나는 날, 가서, 아름다웠다고 말할 수 있는 행복이 우리에게는 있을까?

잘 죽었다는 말은 이율배반적이다. 똑같은 다른 사람의 평가지만 잘 죽었다는 짧은 호흡의 거친 말은 "잘못 살았다"라는 말이요, "잘-죽었다"라는 긴 호흡 칭찬의 말은 "인생을 소풍처럼 아름답고 잘 살다가 죽었다"라는 말이다.

이 가을이 지나면 나무들은 둥근 나이테를 하나 더 둘러 허리둘레를 늘릴 것이요, 사람들은 인생을 재촉하는 소풍 길에 어쩌면 조바심을 낼 지도 모를 일이다.

울고 태어난 삶이 웃다가 가는 일이 어찌 그리 쉬운 일이겠는가? 어차피 답이 없는 인생길을 이 가을 여행을 통해 한 번 더 새 답을 구해보자, 인생의 정답은 잘못된 인생이라는 오답이 정답일지 모른다.

알고 태어났다면 그것은 신이다. 모르는 것이 인생이다. 내가 "있다"와 "없다"에 연연하지 말고, 다녀가는 소풍 길에 안부 인사라도 묻는 이가 있다면 성공한 삶이다.

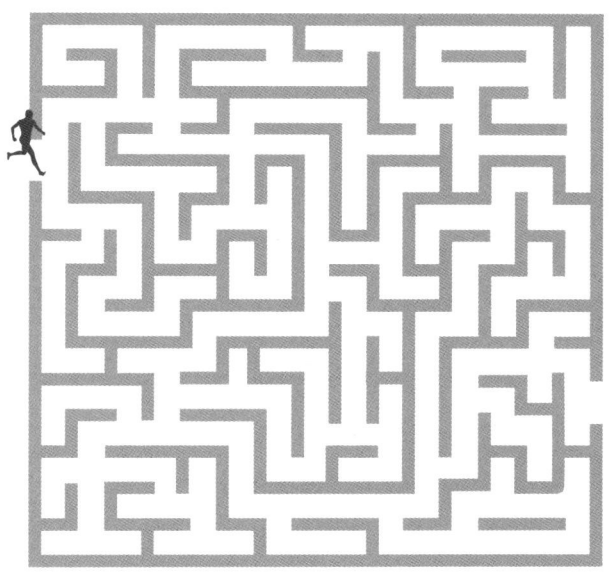

  잘 죽었다는 말은 이율배반적이다. 똑같은 다른 사람의 평가지만 잘 죽었다는 짧은 호흡의 거친 말은 "잘못 살았다"라는 말이요, "잘-죽었다'라는 긴 호흡 칭찬의 말은 "인생을 소풍처럼 아름답고 잘 살다가 죽었다"는 말이다.

7. 사랑하면 알게 되고, 알게 되면 보인다

서양에 파라다이스(paradise)가 있다면 동양에는 무릉도원(武陵桃源)이 있다. 서양에 사과가 있다면 동양에는 복숭아가 있다. 기독교에서 아담과 이브가 사과를 따 먹어 원죄를 지었다면 중국의 도교에서는 손오공이 복숭아를 따 먹어 미움을 받았다.

도시에 찌든 때를 잠시 잊고자 강원도 두타산의 무릉계곡을 찾았다. 안개 속에 발 아래가 한 치 앞도 안 보인다. 마치 호리병에 들어가 있는 시간이 줄었다 늘었다 하듯이 무엇이라도 홀린 듯, 꿈속의 이상향을 찾아본다.

두타동천(頭陀洞天), 두타산의 신선들이 모여 산다는 동굴 속의 주거지 그곳. 그 곳은 과연 근심 걱정, 모든 시름이 없을까?

동천이란 도교의 '동천복지(洞天福地)'의 준말이다. 중국 육조 시대(3세기~6세기)까지 전성기를 이루며 유행되었던 것으로, 명산이나 경치가 좋은 장소에는 신선(善의 경지에 이른 선인)이 사는 '낙원'이 숨겨져 있다는 사상이다.

'동천(洞天)'이라는 말은 동굴 속에 있는 별천지이고, '복지(福地)'란 천재지변이나 인간의 재앙이 닿지 않는 이상향이라는 뜻이다. 말하자면 도교 세계에서 신선들의 이상향을 표현할 때 쓰는 말이다. 당나라 시대(618~907)에는 십대 동천(十大洞天), 삼십육동천(三十六洞天), 칠십이복지(七十二福地)가 있다고 했으며 그 소재지들은 도교의 성지로 알려졌다.

몽환의 세계 별천지-그 신비의 세계를 옛사람들은 중국 시인의 표현을 빌려 무릉도원(武陵桃源)이라 하기도 하고 낙원, 샹그릴라. 선경(仙境), 유토

피아, 지상의 어딘가에 존재하는 천국이라 부르며 꿈꾸어 왔다.

1,500평이나 되는 넓은 두타산 무릉반석(武陵盤石) 위에 〈사랑하면 알게 되고, 알게 되면 보이나니, 그때 보이는 것은 이전과 같지 않더라.〉 창애 유한준(俞漢雋)이 쓴 각자(刻字)가 이채롭다. 행복을 찾아 떠난 무릉도원도 결국 사랑이란 다른 이름이었던 것인가?

고요하게 흐르는 물줄기처럼 마음속에도 천천히 부드럽게 흘러가는 편안함이 있다면 바로 그것이 행복이다. 그래서 시인 윤동주는 '사랑하는 이는 사랑받는 이보다 행복하였다'라고 했을까?

두타산 아래 무릉계곡을 흐르는 물을 보며, 산(山) 옆에 가만히 나(사람 人)를 세워본다. 뫼산 '山'자 옆에 사람 인 '人'자 하나 덧붙이면 신선(神仙)이 되는 것을-
시선(詩仙) 이태백이 나를 보고 웃으며 말한다.

'무슨 생각에서 푸른 산에 사냐고 묻는데/ 웃으며 대답하지 않았지만, 마음 절로 한가롭다/ 복사꽃이 흐르는 물에 아득히 떠가니/ 달리 천지가 있어 인간 세상이 아니로다' - 산중 문답에서

1,500평이나 되는 넓은 두타산 무릉반석(武陵盤石) 위에 〈사랑하면 알게 되고, 알게 되면 보이나니, 그때 보이는 것은 이전과 같지 않더라.〉 창애 유한준(俞漢雋)이 쓴 각자(刻字)가 이채롭다. 행복을 찾아 떠난 무릉도원도 결국 사랑이란 다른 이름이었던 것인가?

8. 물어보는(WHY) 자만이 방법(HOW)을 얻을 수 있다

한여름에도 하얀 모시 저고리 곱게 차려입고 대청마루에 단아하게 앉아 있던 그 옛날 할머니 모습을 떠올려 본다.

장죽에 담배를 즐기시던 친할머닌 주렴(珠簾, 구슬발) 너머로 마당을 조용히 내려다보며 삼복더위를 잊고 계셨다. 그 덕분에 내 이마에는 훈장이 하나 생겼다. 3살 때 안방에서 건넌방으로 대청마루를 거침없이 내달리다, 할머니 놋재떨이를 밟아 이마가 크게 찢어졌기 때문이다. 얼마나 무섭고 아팠든지 병원에 갔던 기억이 지금도 새롭다.

그런 옛 생각을 떠올리며, 할머니는 한여름 무슨 생각을 하셨을까 생각해 본다. 여인이란 굴레 속에 한평생 바깥나들이 한번 제대로 해보시지 못했지만, 그 여유로움과 자유가 '방콕' 하는 지금 나와 비교할 바가 아니었던 것 같다.

여행은 내 눈앞에 보이는 것만이 다가 아니다. 상상 속의 여행도 좋고 옛이야기 속에 주인공도 좋다. 꿈꾸는 자의 여행, 준비하는 자의 여행은 즐겁다. 삶의 지혜를 가져다주는 독서 여행도 즐거움만 있으면 "OK"다. 천하를 호령하는 영웅담도 멋지고, 높이 3천 척(900미터)을 자랑하는 중국 여산 폭포의 장쾌한 물소리도 좋다.

비는 땅에 닿아야 그 소리를 내고 시냇물은 돌멩이와 부딪쳐야 비로소 아픔을 호소한다. 유유히 흐르던 강물도 그 도가 지나치면 범람하고 바다도 거센 바람을 일으켜 태풍을 만든다.

인생 고행길이라는 그 여행길에 어찌 즐거움만 있을 수 있겠는가? 피할 수 없는 것이 인생이고 돌이킬 수 없는 것이 시간인데, 내 삶의 들러리가 되기보다는 주인공이 되고 싶다.

신이 만든 작품 가운데 가장 멋진 인생 대본을 갖고, 가장 멋진 배우로 한바탕 울고 웃고 살다 마치고 싶다. 아마도 지나친 욕심일지도 모른다. 하지만 삶의 가치는 저마다 다르니. 그래도 언젠가 가장 높은 태산(泰山)에 올라 뭇 산들이 작은 것을 한번 내려다보리라는 두보의 꿈처럼 인생 해답을 찾아 숨은 보물찾기 놀이를 해보고 싶다.

"왜 사냐고 물으면 웃지요.
왜 오르냐고 물으면 그곳에 있기 때문이라 답하지요.
왜 떠나느냐고 물으면 돌아가기 위해서라고 말하지요."

물어보는(WHY) 자만이 방법(HOW)을 얻을 수 있다. 묻는 자는 1분간 바보가 되지만 묻지 않는 자는 영원한 바보가 된다.

비는 땅에 닿아야 그 소리를 내고 시냇물은 돌멩이와 부딪쳐야 비로소 아픔을 호소한다. 유유히 흐르던 강물도 그 도가 지나치면 범람하고 바다도 거센 바람을 일으켜 태풍을 만든다.

9. 사람이 하늘처럼, 물이 맑으면 달이 와서 쉬고

하늘을 우러러 한 점 부끄러움 없기를 바라는 시인이 있었다.

내가 하늘로 돌아갈 때 한바탕 소풍 나온 사람처럼 웃으며 돌아가기를 바라는 또 다른 시인도 있었다. 그들의 하늘에 해와 달과 별이 있다.

해는 희망이고, 달은 소원이며, 별은 그리는 님이다. 법정 스님은 사람이 하늘처럼 맑아 보일 때가 있다고 했다. 그리고 그 사람에게서 하늘 냄새를 맡는다고.

그 하늘 냄새를 맡으려면 좋아하는 친구가 있어야 한다. 그 하늘 냄새를 맡으려면 사랑하는 연인이 있어야 한다. 텃밭에서 이슬이 내려앉은 애호박을 보았을 때 친구에게 제일 먼저 보내주고 싶고, 여름비 내리는 숲길에서 아름다운 산수국을 보았을 때, 그 설렘과 그리움을 전해주고 싶은 마음의 여인이 있을 때, 하늘 냄새를 맡을 수 있다.

법정 스님은 '사람이 하늘처럼'이란 시에서 이렇게 말했다.

"물이 맑으면 달이 와서 쉬고
나무를 심으면 새가 날아와
둥지를 튼다.
스스로 하늘 냄새를 지닌 사람은
그런 친구를 만날 것이다."

나에게 하늘의 향기가 나기를 소원한다. 명나라 서예가 동기창은 서화(書

畵)에서 향기가 나려면 "만권의 책을 읽고 만 리를 걸은 후에 세상을 논하라(독만권서 행리만로, 讀萬券書 行萬里路)"고 했다.

희망을 품은 자는 아침에 떠나고, 소원을 비는 사람은 저녁에 돌아온다. 목적지에 제때 닿지 못하더라도 늦은 걸음을 탓하기보다는 별을 나침반 삼아, 하늘을 이불 삼아, 달을 친구삼아 하늘 냄새를 맡고 싶다.

하늘 냄새나는 벗과 더불어 하늘에 있는 별과 달을 초대하여 아침 해가 뜰 때까지 이 백의 장진주(將進酒, 술을 권함)를 읊으며, 한겨울 밤 만 년 묵은 이 시름을 내려 놓으련다. 이 해가 가기 전에.

인생이란 뜻을 얻었을 때 모름지기 즐겨야 하니,
금 항아리에 담긴 술에 달이 담기도록 내버려두지 말고 마셔야 하리. (중략)
그대와 함께 마시면서 만고의 시름을 녹여 버리리라.
- 이백의 장진주

하늘 냄새를 맡으려면 좋아하는 친구가 있어야 한다. 그 하늘 냄새를 맡으려면 사랑하는 연인이 있어야 한다. 텃밭에서 이슬이 내려앉은 애호박을 보았을 때 친구에게 제일 먼저 보내주고 싶고, 여름비 내리는 숲길에서 아름다운 산수국을 보았을 때, 그 설렘과 그리움을 전해주고 싶은 마음의 여인이 있을 때, 하늘 냄새를 맡을 수 있다.

10. 감사는 사랑이 주는 최고의 선물, 행복의 지름길

8월의 끝자락, 들길이나 숲속에 들어가면 곱고 예쁜 나비들이 여기저기 날아다닌다. 호랑나비, 모시나비, 제비나비, 배추흰나비 등 우리 곁에서 볼 수있는 나비만도 10가지 종류가 넘는다.

어느 날 한 소녀가 산길을 걷다가 나비 한 마리가 거미줄에 걸려 버둥대는 것을 발견했다.

소녀는 가시덤불을 헤치고 들어가 거미줄에 걸려있는 나비를 구해 주었다. 나비는 춤을 추듯 훨훨 날아갔지만, 소녀의 팔과 다리는 가시에 찔려 붉은 피가 흘러내렸다. 그때 멀리 날아간 줄 알았던 나비가 돌아와 순식간에 천사로 변하더니 소녀에게 다가왔다.

천사는 "구해 준 은혜에 감사하다"라면서 무슨 소원이든 한 가지를 들어주겠다고 말했다. 소녀는 "이 세상에서 가장 행복한 사람이 되게 해 주세요"라고 소원했다. 그러자 천사는 소녀의 귀에 무슨 말인가 소곤거리고는 사라져 버렸다.

소녀는 자라서 어른이 되고, 결혼해서 엄마가 되고, 할머니가 될 때까지 늘행복하게 살았다.

그녀의 곁에는 언제나 좋은 사람들이 있었고, 행복하게 살아가는 그녀를 사람들은 부러운 눈빛으로 우러러보았다. 세월이 흘러 예쁜 소녀는 백발의 할머니가 되어 임종을 눈앞에 두게 되었다.

사람들은 입을 모아 할머니가 죽기 전에 평생 행복하게 살 수 있었던 비결이 무엇인지를 물었다. 할머니는 살며시 미소 지으며 말했다.

"내가 소녀였을 때 나비 천사를 구해 준 적이 있지, 그 대가로 천사는 나를 평생 행복한 사람이 되게 해 주었어. 그때 천사가 내게 다가오더니 내 귀에 이렇게 속삭이는 거야.

"구해주셔서 고마워요. 소원을 들어드릴게요, 무슨 일을 당하든지 감사하다고 말하세요. 그러면 평생 행복하게 될 거예요"

"그때부터 무슨 일이든지' 감사하다'라고 중얼거렸더니 정말 평생 행복했던 거야. 사실은 천사가 내 소원을 들어준 게 아니야. 누구든지 주어진 일에 만족할 줄 알고, 매사에 감사하면 하늘에서 우리에게 행복을 주시지"

이 말을 끝으로 눈을 감은 할머니의 얼굴에는 말할 수 없는 평온함이 가득했다.

벌써 뜨거운 여름이 가고 가을이 바로 눈앞에 다가왔다. 가을은 감사의 계절이다. 감사의 마음을 전한 나비 천사처럼 예쁘고 고운 마음으로 가을을 맞이하자.

'감사'는 사랑이 가져다주는 최고의 선물, '행복'의 지름길이다.

"구해주셔서 고마워요. 소원을 들어드릴게요, 무슨 일을 당하든지 감사하다고 말하세요. 그러면 평생 행복하게 될 거예요"

사랑하는 사람이 등을 돌리고 누워있다면?

제4장   사랑하는 사람이 등을 돌리고 누워있다면?

1. 꽃 가운데 군자, 향기는 멀수록 더욱 멀고
2. 가을은 내 품 안으로의 여행
3. 바람의 참주인은 그 소리를 내지 않는다
4. 세월은 결코 시간을 붙잡지 않는다
5. 높은 집을 지으려면 높게 날아야 한다
6. 사랑하는 사람이 등을 돌리고 누워있다면?
7. 달 속의 흰토끼는 가을봄 없이 약을 찧는데?
8. 활짝 핀 연꽃이 두 발을 물에 담그고 있는 이유는?
9. 나이는 먹는 것이 아니라 거듭나는 것이다
10. 시냇물이 소리를 내는 것은 돌멩이가 있기 때문이다

1. 꽃 가운데 군자, 향기는 멀수록 더욱 멀고

푸른 하늘에 가을 향기가 배어 나온다. 이른 아침 동틀 무렵 물 위에서 꽃 피우는 연꽃의 청초하고 단아한 모습을 떠올리며 나 자신을 돌아본다.

깨끗한 병 속에 담긴 가을물, 비 갠 맑은 하늘의 달빛이라 표현하며 꽃 중의 군자(君子)라 불리는 연꽃을 사랑하는 이가 많은 것은 연꽃의 청정함과 순수함을 높이 사기 때문이다.

119개 글자로 연꽃을 사랑함에 대하여(愛蓮說) 최고의 명시를 남긴 중국 북송 때 유학자 주돈이(周敦頤 ,1017-1073년)는 다음과 같이 연꽃의 덕에 대해 이렇게 말했다.

진흙 속에서 나왔으나 물들지 않고(出於淤泥而不染)
맑은 물 잔물결에 씻겨도 요염하지 않고(濯淸漣而不妖)
속은 비었으되 밖은 곧아(中通外直)
덩굴은 뻗지 않고 가지도 없으며(不蔓不枝)
향기는 멀수록 더욱 맑고 우뚝 깨끗하게 서 있으니(香遠益淸 亭亭淨植)
멀리서 바라볼 수는 있으되 함부로 다룰 수는 없다(可遠觀而不可褻翫焉)

조선왕조를 개국한 태조 이성계의 본향, 전주 덕진에 가면 법정 스님이 나라 안에 최고 연꽃들의 군락지로 손꼽은 덕진연못이 있다. 인공 연못이다. 전주의 기운은 밖으로 새어 나가기 쉬운 풍수를 지녔다고 하여 그 새는 기운을 막아 고이도록 하고자 만든 게 바로 덕진연못이란다.

어느 날 태조 이성계가 한양을 도성으로 정한 무학대사를 가만히 보다가 말했다.

"대사, 대사는 꼭 돼지같이 생겼구려."

그러자 무학대사는 아무렇지도 않은 듯 태연히 응수했다.
"대왕께서는 꼭 부처님과 같이 생겼습니다, 그려."

그 말을 들은 태조가 못마땅해서 말했다.
"내가 대사에게 돼지같이 생겼다고 하거늘, 대사는 어찌하여 나를 보고 부처님과 같이 생겼다고 하시오?"

그러자 무학은 다시 태연하게 대답했다.
"그야 돼지 눈에는 돼지가 보이고, 부처님 눈에는 부처로 보이는 법 아니겠습니까?"

"하하하! 내가 졌소이다."

연꽃을 보고 즐기는 이는 많다. 하지만 그 연꽃도 돼지가 보면 돼지로, 부처로 보면 부처로 보인다.

사람 따라 눈(眼) 따라가지 말고, 마음 따라 눈 따라 가면 연꽃은 우리에게 가을의 마지막 선물, 하심주(下心酒, 마음을 내려놓을 수 있는 술)를 줄 것이다.

> 깨끗한 병 속에 담긴 가을물, 비 갠 맑은 하늘의 달빛이라 표현하며 꽃 중의 군자(君子)라 불리는 연꽃을 사랑하는 이가 많은 것은 연꽃의 청정함과 순수함을 높이 사기 때문이다.

2. 가을은 내 품 안으로의 여행

수락산 숲길에 가을 햇빛이 묻어 나옵니다. 파란 하늘 위에 산이 떠 있습니다. 호젓한 숲길에 혼자만의 고독을 느껴봅니다.

가을이 아름다운 것은 내 삶도 산처럼 낙엽처럼 언젠가는 떠나리라는 것을 알기 때문입니다. 늘 지나던 길에 "후드득 머리 위로" 도토리가 떨어지고 발밑에는 벌써 낙엽이 밟힙니다

봄이 세상 밖의 나들이라면, 가을은 내 품 안으로의 여행입니다. 여름내 자신감 있는 푸르름에 들떠, 아니 때로는 천둥 번개와 용기를 내어 맞서 꿋꿋하게 나 자신을 지키고 살피며 키워왔다면, 이제는 겸허히 자신을 내려놓으라 말합니다.

자신을 내려놓는 방법은 "조금 더 주고, 손해 보고, 노력하고, 기다리는 것"입니다. 그래야 고요하게 흐르는 마음이 보입니다. 내가 수락산 숲길을 가을 햇살 따라 걷는 이유이기도 합니다.

그 길을 따라가다 보면 천천히 부드럽게 흘러가는 편안함이 발끝에서부터 머리 위로 전해집니다. 바로 그것이 "행복"입니다. "행복"은 누구나 말을 하듯, 멀리 있는 게 아닙니다. 가까이, 아주 가까이, 내가 미처 깨닫지 못하는 속에 "존재"하는 것입니다.

우리는 모두 "행복"하기 위해 열심히 살아가고 있습니다. 그러나 "행복"보다는 "불행"하다고 여겨질 때도 많습니다. 또한 남들은 행복한 것 같고, 나만 "불행"하게 느껴질 때도 많이 있습니다. 그러나 모르고, 지나치는 게 한 가지 있죠? 그것은 욕심을 버리지 못하면 "행복"을 얻지 못한다는 사실.

내가 좀 더 "주면" 될 것을, 내가 조금 "손해 보면" 될 것을, 내가 좀 더 "노력하면" 될 것을, 내가 좀 더 "기다리면" 될 것을,

사람 "욕심"은 끝이 없기에 "주기"보다는 받기를 바라며, "노력" 보다는 "행운"을 바라고 "기다림" 보다는 "한순간"에 모든 걸 얻어지길 바랍니다. 그렇기에 늘 "행복"하면서도 행복하다는 것을 잊고 살 때가 더욱 많습니다.

올가을에는 밖에서 산을 찾기보다는 내 안에서 산을 찾아야겠습니다.

서 시

바깥의 과녁이 사라진 뒤
내 안으로 화살을 겨누었다.
촉이 점점 커졌다.
활등이 휠수록 더 팽팽해지는 시간
최대한 잡아당긴 시위를
탁, 하고 놓으며
이제 네 속으로 들어간다.
내 사랑

-고두현의 '사랑, 시를 쓰다'에서

자신을 내려놓는 방법은 "조금 더 주고, 손해 보고, 노력하고, 기다리는 것"입니다. 그래야 고요하게 흐르는 마음이 보입니다. 내가 수락산 숲길을 가을 햇살 따라 걷는 이유이기도 합니다.

3. 바람의 참주인은 그 소리를 내지 않는다

봄의 힘은 나무로부터 나온다. 나무(木)는 부드러운 흙(土)과 물(水), 그리고 눈부신 햇빛의 힘으로 산과 들을 생명의 초록 바다로 바꾼다. 그리고 그 사이를 봄바람이 새 손님으로 가로지른다.

중국 초나라 장왕때 남 곽(호는 자기)이란 사람은 장자가 존경하고 따르던 사람인데 장자 제물론(齊物論)에서 그는 '바람'에 대해 이같이 말하고 있다.

"땅덩어리가 뿜어 올리는 기운을 일컬어 바람이라고 한다. 이것이 일지 않으면 몰라도 한번 일기만 하면 온갖 구멍들이 성을 내어 부르짖는다. 너는 그 윙윙하고 멀리서 불어오는 소리를 듣지 않았느냐? 우뚝 솟은 산림의 백 아름드리 큰 나무에는 코 같고, 입 같고, 귀 같고, 장여 같고, 고리 같고, 호박 통 같고, 연못 같고, 웅덩이 같은 구멍들이 패여 있다.

바람이 불면 그것들은 물이 바위에 부딪히듯 쾅쾅하는 것, 화살이 날 듯 횡횡하는 것, 꾸짖는 듯한 것, 숨을 들이쉬듯 쏠쏠한 것, 목청을 높여 부르짖는 것, 착 가라앉은 것, 재잘거리는 것 등등으로 소리를 낸다. 앞소리가 부르면 뒷소리가 따라 준다. **작은 바람에는 작게 어울리고, 큰바람에는 크게 어울리는 것이다.** 그러다가 바람이 한번 지나간 뒤에는 그 구멍들은 텅 비게 된다. 그때 너는 그 나무들이 휘청휘청 뒤흔들리다가 또 살랑살랑 흔들리는 모습을 보지 않았느냐?"
바람에도 참 주인은 있을 터이지만 보이지 않으니, 그 모습을 똑똑히 볼 수 없고, 그것이 작용함을 믿지만 또한 그 형체와 흔적을 볼 수는 없다.

바람의 참모습은 소유하지 않는 데 있다.
소유한다는 것은 머물러 있음을 의미한다.

모든 사물이 어느 한 사람만의 소유가 아니었을 때,
그것은 살아 숨 쉬며, 이 사람 혹은 저 사람과도 대화한다.

모든 자연을 보라.
바람이 성긴 대숲에 불어와도 바람이 가고 나면 그 소리를 남기지 않듯이,
모든 자연은 그렇게 떠나보내며 산다.

하찮은 일에 집착하지 말라.
지나간 일들에 가혹한 미련을 두지 말라.

그대를 스치고 떠나는 것들을 반기고
그대를 찾아와 잠시 머무는 시간을 환영하라.
그리고 비워 두라.

언제 다시 그대 가슴에
새로운 손님이 찾아들지 모르기 때문이다.

【출처 : 채근담 자기(子耆) 中에서】

생명은 내 것을 내어줄 때 남의 것으로 되살아난다. 가을에 열매를 거둘 수 있는 것은 생명의 씨앗을 뿌려 둔 남이 있었기 때문이다. 그래서 나는 오늘도 언젠가 불쑥 다시 찾아올지 모를 새로운 손님을 위해 바람을 기다린다.

앞소리가 부르면 뒷소리가 "휘휘" 따라가고, 작은 바람에는 작게, 큰바람에는 크게 어울릴 줄 아는, 우리 회사 조직의 신바람을 만들어 보자.

바람의 참모습은 소유하지 않는 데 있다.
소유한다는 것은 머물러 있음을 의미한다.
모든 사물이 어느 한 사람만의 소유가 아니었을 때,
그것은 살아 숨 쉬며, 이 사람 혹은 저 사람과도 대화한다.

4. 세월은 결코 시간을 붙잡지 않는다

비우는 것은 순종하는 것이다.

다투고 싸우기보다는 먼저 자신을 낮추고 이익을 버리고 남을 존중하는 것이다. 비운다는 것이 자기 자신을 버리는 것과 같이 생각되지만, 실제로는 자신을 살리는 것이다.

떨어지는 가을 단풍잎과 은행잎들이 가로수 길에 낙엽 되어 이리저리 굴러도, 하찮은 나뭇잎 하나가 삶의 진리를 깨우치게 한다. 나뭇잎들은 겨울이 오기 전 스스로 자신을 떨쳐 나무의 짐을 덜어준다.

굳이 죽어야 새 삶을 얻을 수 있다는 부활의 신앙이 아닐지라도, 비우고 덜어내야 채울 수 있음을 알려준다. 그래서 그런지 가을 햇빛을 받으며 바람에 날리는 은행잎들이 오늘따라 더욱 예뻐 보인다

행복이란 낙엽처럼 때를 알고 자신을 내려놓을 때, 그 무게만큼 찾아온다.

아등바등 떠는 삶이 즐겁겠는가?
잔뜩 움켜쥔 두 손이 자유롭겠는가?
종종걸음치는 시간의 발걸음이 여유롭겠는가?

사람들의 발에 밟히는 저 낙엽들도 한 때는 나무 위 저 높은 곳에 있었다. 높은 곳에서 떨어지는 폭포도 낮은 곳으로 나와야 넓은 바다를 만날 수 있다.

늦가을 잎이 떨어진다고 쓸쓸하다 말하지 말자. 헤어져도 고독하다고 등 돌리지 말자.

겨울이 가을을 버리는 것이 아니라, 가을이 겨울을 맞이하는 것이다. 내가 나를 버리는 것이 아니라, 내가 나를 찾아가는 것이다. 꽉 채워진 삶의 일상이 비록 힘들고 어렵더라도 잠시 나를 돌아보며, 충만한 시간을 갖자.

인생은 비워내고 담는 시간 그릇이다. 예쁜 겨울 그릇 속에 가을의 아쉬움을 비워내고 새 시간을 담자. 세월은 결코 시간을 붙잡지 않는다.

"아무 일에든지 다툼이나 허영으로 하지 말고 오직 겸손한 마음으로 각각 자기보다 남을 낮게 여기고 각각 자기 일을 돌아볼뿐더러 또한 각각 다른 사람들의 일을 돌아보아 나의 기쁨을 충만케 하라"

- 빌립보서 2장 3절~4절

행복이란 낙엽처럼 때를 알고 자신을 내려놓을 때, 그 무게만큼 찾아온다.

5. 높은 집을 지으려면 높게 날아야 한다

아침에 일어나면 강가에서 몸을 씻고 정신을 가다듬는다. 광활한 대지에서 버펄로(물소)를 잡으며, 자연과 함께 생활하는 인디언들의 생활 시작이다.

그들에게 땅은 자기 조상의 살로 이루어진 비옥한 옥토이며, 강은 조상의 피와 땀으로 이루어진 결실이다. 그러기에 자연에서 모든 것을 배우고, 순응하며 산다.

인디언들의 옷은 주로 가죽이나 손으로 짜서 만든 것들이며, 집 또한 소가죽과 나무를 재료로 하여 원뿔 모양으로 이루어져 있다. 사냥하며 이동하기 편리하게 만든 것이다. 그것은 인디언들의 지혜. 원통형은 새나 동물들의 둥지 모양에서도 보듯이 가장 쉽고 간단한 형식이다.

가을에 나무들이 옷을 벗고 겨울 채비를 하는 동안, 다람쥐나 곰, 새들도 그들만이 지내기 편안하고 아늑한 보금자리를 꾸민다. 한가지 눈여겨 볼 것은 새들이 집을 지을 때다.

새들은 바람이 고요히 그치기를 기다려 나무 위에 집을 지으면 집짓기가 훨씬 수월한 텐데도, 굳이 바람이 가장 강한 날 집을 짓는다. 그렇게 지은 집은 약한 바람에도 허물어지지 않고 태풍에도 끄떡없어, 알들이 땅으로 떨어지고 새끼 또한 떨어져 죽고 말 위험이 없기 때문이다.

부러진 나뭇가지를 부리로 물어 나르고 쪼개고 잇대어, 나무 높은 곳에 멋진 트리 하우스(나무집)를 짓는다. 그것은 새들의 지혜.

"우리는 누구나 인생이라는 집을 짓는다. 이 시대도 민주와 자유의 집을 짓는다. 그러나, 그 집은 언제 어떻게 지어야 하느냐 하는 게 늘 문제다. 그 집은 어느 한때 한순간에 완성되는 것은 아니다. 인생의 집이 인생 전체를 필요로 하듯이 시대의 집도 시대 전체를 필요로 한다. 인생의 집도 시대의 집도, 새의 집처럼 기초가 튼튼해야 한다. 새들이 바람이 가장 강하게 부는 날 집을 짓듯이, 우리도 고통이 가장 혹독할 때 집을 지어야 한다. 오늘이 악조건이 내일의 호조건을 만든다."

"새들은 바람이 가장 강하게 부는 날 집을 짓는다"라는 정호승 시인의 말이다. ('당신이 없으면 내가 없습니다'의 산문집에서)

집은 마음이 있는 곳이다. (Home is where the heart is.)

마음터, 마음 밭이 강해지려면 혹독한 시련의 담금질을 견뎌야 한다. 마음의 집도, 몸의 보금자리도 쉽게 얻어지는 것은 없다. 높은 집을 지으려면 높게 날아야 하고, 튼튼한 집을 지으려면 땅을 깊게 파야 한다. 그것은 자연의 지혜다.

새들이 바람이 가장 강하게 부는 날 집을 짓듯이, 우리도 고통이 가장 혹독할 때 집을 지어야 한다. 오늘이 악조건이 내일의 호조건을 만든다.

6. 사랑하는 사람이 등을 돌리고 누워있다면?

옛 선비들은 청운의 꿈을 안고 입신양명(立身揚名)을 위해 과거 길에 올랐다. 특히 조선시대 영남 유림은 과거를 보기 위해 한양으로 가기 위해서는 반드시 문경새재를 넘어야 했기에, 문경은 그들의 기쁨과 슬픔이 함께 묻어 있는 옛길이었다

하지만 예나 지금이나 높은 자리, 좋은 곳은 경쟁이 치열한 법. 영남의 유림 대다수는 금의환향보다는 무거운 발걸음으로 쓰디쓴 낙향을 맛봐야 했지만, 장원급제의 영광을 안고 돌아가는 선비들은 자신의 기쁜 소식을 제일 빨리 전하는 곳이 바로 문경이었다.

문경(聞慶)이라는 별칭은 경사스러운 소식을 가장 먼저 듣는 곳이라는 문희경서(聞喜慶瑞)에서 비롯되었다. 이처럼 문경에서 과거 급제한 좋은 소식을 전하는 선비와 낙방의 고통을 전하는 선비의 차이점은 자신이 배우고 익힌 덕망과 지식의 차이도 있겠으나, 지도자로서의 적극성에서도 엿볼 수 있다.

원래 선비의 뜻을 한자의 사(士)자는 열십(十)자 밑에 한 일(一)자를 그어 열 명의 지도자라는 뜻을 가지고 있어, 선비라는 말에는 리더로서의 적극성이 덕망으로 포함되어 있기 때문이다.

몇 년간 열심히 공부한 한 선비가 과거시험을 보려고 북경에 입성해 쉴만한 주막을 찾아 지낼 곳을 찾았다. 시험을 치르기 어느 전날 그는 3가지 이상한 꿈을 꾸었다.

첫 번째 꿈은 담장에다가 배추를 심고 있는 것이었다. 두 번째 꿈은 비 오

는 날 삿갓을 쓰고 우산을 들고 있는 것이었고, 세 번째는 마음속 깊이 사랑하는 사람과 발가벗은 채 등을 맞대고 누워있는 것이었다. 괴이하게 여긴 이 선비는 다음날 점쟁이를 찾아가 해몽을 부탁했다.

점쟁이는 "높은 담장 위에 배추를 심다니 되지도 않은 일이고, 수확 없는 짓이요, 비 오는 날 삿갓을 쓰고 우산을 쓴 것은 하등에 필요 없는 헛짓이며, 발가벗은 여성과 등을 맞대고 있다니 어떤 결과를 바랄 수 없는 일이니, 아예 과거시험을 단념하라"고 말했다.

이에 낙심한 선비 수재는 맥없이 터벅터벅 거처하던 식당으로 돌아오게 되었고, 이 사연을 듣게 된 가게 주인은 점쟁이와는 반대로 웃음 띤 표정을 하면서 나도 해몽을 좀 할 줄 아는데 하면서 다른 해몽을 하기 시작했다.

"먼저 담장 위에 배추를 심었다는 것은 담장에 채소를 심기 어려운 것처럼 힘든 과거 시험에 합격할 수 있다는 것이고, 비 오는 날 삿갓을 쓰고 우산을 든 것 역시 빈틈없이 이번 시험을 준비했다는 뜻이며, 알몸으로 서로 등지고 있다는 것은 이제 곧 마주하게 되어 좋은 결과를 얻게 된다는 뜻이다"라고 그는 설명했다.

이 말을 들은 수재(秀才)는 반신반의하면서 과거를 보게 되었고 가게 주인의 말 그대로 장원급제하였다.

무슨 일이든 긍정적으로 생각하고 오로지 자기가 원하는 것을 얻기 위해 끊임없이 노력한다면 바라는 일이 모두 이뤄질 것이다.

적극적인 사람은 태양과 같이 어디를 비춰도 밝다.

원래 선비의 뜻을 한자의 사(士)자는 열십(十)자 밑에 한 일(一)자를 그어 열 명의 지도자라는 뜻을 가지고 있어, 선비라는 말에는 리더로서의 적극성이 덕망으로 포함되어 있기 때문이다.

7. 달 속의 흰토끼는 가을봄 없이 약을 찧는데?

춥고 고단한 겨울밤의 일상에서 향기로운 매화의 향기를 떠올려 본다.

"꽃은 맑은 향기를 품고 달은 그림자가 아름답다(花有淸香月有陰,화유청향월유음)"는 중국 소식의 '춘야(春夜)'를 읊조리지 않더라도 봄은 말없이 천리향(千里香)을 품고 우리 곁으로 한 걸음 한 걸음 다가오고 있다.

특히 동양화에서 계절에 관해 자주 그려지는 꽃은 향기를 간접적으로 표현하기 위해 그려 넣는데, 원래 향기는 '군자의 인품'을 뜻하기 때문이다.

조선(朝鮮) 영조(英祖) 때 이존중이 조선(朝鮮) 초(初)부터 인조(仁祖) 때까지의 이름난 신하들에 관하여 적은 책인 '해동명신록'에는 세종 때 천하의 술꾼으로 소문난 청향당(淸香堂) 호를 가진 윤 회((尹淮)에 관한 이런 일화가 전해 내려온다.

청향당이 젊었을 때 시골 마을을 여행한 적이 있었는데, 날이 저물어 주막에 들었으나, 행색이 초라하다 하여 주인은 방이 없다고 하였다. 나그네는 하는 수 없이 뜰에 앉아 쉬고 있었다.

그런데 이때, 이 집 주인의 어린 아들이 큰 진주를 가지고 놀다가 떨어뜨리니 거위가 집어먹고야 말았다. 잠시 후 이 집에서는 진주가 없어졌다고 소란이 일어났으며, 나그네가 범인으로 몰리고야 말았다.

"어찌 행색이 수상하다고 여겼더니 이놈이 도둑놈이로구나, 묶어놓았다가 내일 관가에 고발하여야겠다." 나그네는 한마디의 변명도 없이 이렇게 말했다.

"나를 묶어놓은 것은 좋으나, 한가지 청을 들어주시오."

"허. 이놈 봐라. 그 주제에 청이라니...... 그래 무슨 청이란 말인가?"

"저 거위를 내 옆에 매놓아주시오."

부탁치고는 묘한 것이었으나, 주인은 나그네를 기둥에 묶어놓고 그 옆에 거위를 역시 매어 놓았다. 이튿날 아침에 나그네를 관에 고발하려고 나와 보니, 거위가 똥을 누었는데 거기에 진주가 섞여 있었다. 주인은 비로소, 범인은 나그네가 아니고, 거위라는 것을 알자 백배사죄하였다.

"진작 그렇게 말씀하시면 알 게 아니요?"

"그러나 어제 이야기를 하였더라면 저 거위를 죽이고 배를 갈랐을 것이 아니오. 공연히 거위를 죽이기보다는 때를 기다려 사실을 밝히고자 하였던 것이오."

과연 윤 회는 청향당이란 호에 걸맞게 일찍부터 백성뿐만 아니라 하찮은 거위까지도 사랑할 줄 아는 사시청향(四時淸香)을 가진 군자이자, 목민관이었다.

천하의 취중 시인 이 백(李白)이 그의 시 '把酒問月 (파주문월 - 술잔을 잡고 달에게 묻다)에서 白兎擣藥秋復春(백토도약추부춘, 달 속의 흰토끼는 갈봄 없이 약을 찧는데),중략 - 달빛이여, 이 술잔을 길이 비춰다오'라고 말할 때, 조선시대 둘째가라면 서러워할 술꾼으로 세종의 어명 때문에 놋자배기 술 석 잔만을 마셨다는 윤 회는 달빛으로 술잔을 기울이면서도'지혜의 약'으로 거위를 살려냈다.

둥글넓적하고 아가리가 넓게 벌어진 놋자배기 그릇처럼 윤 회의 마음은 그의 호 청향당(淸香堂)처럼 사시청향의 군자였다.

동양화에서 계절에 관해 자주 그려지는 꽃은 향기를 간접적으로 표현하기 위해 그려 넣는데, 원래 향기는 '군자의 인품'을 뜻하기 때문이다.

8. 활짝 핀 연꽃이 두 발을 물에 담그고 있는 이유는

옛날 공자 시대의 중국에는 창랑(滄浪)이라 부르는 강이 있었다. 현재의 지명은 확인되고 있지 않지만, 이 강의 일 년의 반은 흐린 물이 흐르고, 나머지 반년은 맑은 물이 흘렀다고 한다. 아마도 상류에 장마가 지는 봄과 여름에는 흐린 물이 흐르고, 건조한 가을과 겨울에는 맑은 물이 흘렀으리라 생각되는데, 이 강을 지나는 사람들은 물이 맑을 때는 갓끈을 닦지만, 물이 흐릴 때는 발만 닦고 지나갔다.

하루는 중국 전국시대(戰國時代) 초(楚)의 정치가이자, 시인인 굴원(屈原, BC 343 ?~BC 278 ?)이 제(齊)와 동맹해 강국인 진(秦)에 대항해야 한다고 주장했으나, 정적들의 모함을 받아 좌천되었다. 이후 경양왕이 즉위한 뒤 굴원은 다시 조정으로 돌아왔으나 또다시 유배되면서 '어부사(漁父辭)'를 지어 어부에게 자신의 심정을 나타냈다.

"온 세상이 모두 혼탁한데 나만 홀로 깨끗하고, 뭇사람이 모두 취해 있는데 나만 홀로 깨어 있어 추방을 당했소이다." 어부(漁父)가 이에 말했다. "성인(聖人)은 사물에 얽매이거나 막히지 않고 능히 세상과 추이를 같이 한다오(聖人不凝滯於物而能與世推移). 세상 사람들이 모두 혼탁하면 어찌 그 진흙을 휘저어 흙탕물을 일으키지 않고, 뭇사람들이 모두 취해 있으면 왜 그 술지게미 배불리 먹고 박주(薄酒)나마 마시지 않고 어찌하여 깊은 생각과 고상한 행동으로 스스로 추방을 당하셨소?"

굴원이 답하였다. "내 일찍이 듣기로, 새로 머리를 감은 자는 반드시 관(冠)의 먼지를 털어 쓰고, 새로 목욕을 한 자는 반드시 옷을 털어 입는다고 하였소. 어찌 이 깨끗한 몸에 외물(外物)의 더러움을 받을 수 있겠소? 차라리 상강(湘江)에 뛰어들어 물고기의 배 속에 장사(葬事)를 지낼지언정 어찌

이 희고 깨끗한 몸에 세속(世俗)의 티끌을 뒤집어쓸 수 있겠소."

어부(漁父)는 듣고서 빙그레 웃고는 배의 노를 두드려 떠나가며 이렇게 노래하였다. "창랑(滄浪)의 물이 맑으면 내 갓끈을 씻고, 창랑(滄浪)의 물이 흐리면 발이나 씻으리라." 그 후 굴원은 다시 그와 더불어 말하지 못하였다.

굴원의 고사 '어부사(漁父辭)'에서 '여세추이(與世推移)'는 혼탁한 세상의 흐름에 따라간다는 의미로 쓰였지만, 일반적으로 한 가지 일에만 얽매여 발전을 모르는 어리석음을 일컫는 '수주대토(수주대토, 守株待兔)'와는 반대로, 시대나 세상의 변화에 융통성 있게 적응해 가는 성인(聖人)의 법도를 나타내는 의미로 쓰인다. 공자는 굴원의 창랑의 일을 "스스로 자기 취하기에 달려 있다. (自取之也)"라 하여 각기 수신(修身)에 힘쓸 것을 권했다.

최근 1997년 세계 문화유산으로 등록된 함박눈이 내린 고즈넉한 창덕궁 비원(秘苑)을 찾았다. 누구보다 자기 자신을 다스림이 필요한 왕에게 비원의 부용정(芙蓉亭)은 남다른 의미가 있다.

부용정은 살짝 지쳐 올라간 처마 끝의 모습으로 활짝 핀 연꽃을 일컫는 부용(芙蓉)의 모습을 한껏 내면서 이 연못 남쪽에 주춧돌 두 개를 내려놓아 마치 건물이 발을 담그고 있는 모양을 하고 있다.

부용정을 만든 조선시대 정조는 이 후원을 거닐거나 정자를 보면서 공자가 말한 '창강의 탁족(濯足)'의 뜻을 생각하면서, 내가 혹시 흐린 물일 때의 창강이 아닌가? 하며 자신을 되돌아 보고, 마음을 다시 한번 가다듬어 연꽃처럼 백성을 살피라는 숨은 뜻을 남겼다.

새해, 새 마음으로 눈 내린 이 겨울, 비원의 부용정을 찾아보기를 권한다.

그곳에는 생명의 꽃이며, 지혜의 꽃이고, 자비의 꽃인 연꽃이 진흙 속에서 맑은 향, 둥근 마음, 곧은 줄기의 꽃 피우기를 기다리며, 추운 겨울을 이겨내고 있다.

부용정은 살짝 지쳐 올라간 처마 끝의 모습으로 활짝 핀 연꽃을 일컫는 부용(부蓉)의 모습을 한껏 내면서 이 연못 남쪽에 주춧돌 두 개를 내려놓아 마치 건물이 발을 담그고 있는 모양을 하고 있다.

9. 나이는 먹는 것이 아니라 거듭나는 것이다

중년의 나이 50은 인생이라는 세월의 화살 한가운데 있다.

중년기는 인생의 정상을 향하여 능력과 창의성을 발휘하는 시기다. 뚜렷한 목표를 갖고 불가능이 없는 것처럼 느껴지는'인생의 황금기,' 즉 화살이 겨누는 과녁의 중심이다. 누구나 성공을 향해 화살을 메기고, 미래의 행복을 위해 "10점 만점의 10점"을 외친다.

그러는 동안 어느새 돈에 쫓겨 삶을 잃고, 몸에 쫓겨 건강을 잃어버리며, 시간에 쫓기어 나를 잊으면 '중년의 덫'에 빠지어 허우적댄다. "나이 마흔이면 길가에 침을 뱉어도 외롭다."라는 58년생 개띠 이철승 시인의 말이 자기의 자화상이 되어버린다. 그런 중년을 위한 치유의 교훈 10가지가 있다.

1. 젊음을 부러워하지 말라. - 마음의 질투는 몸까지 병들게 한다.
2. 움켜쥐고 있지 말라.- 너무 인색한 중년은 외로울 뿐이다. 물질을 잘 사용해 인생을 아름답게 장식하라.
3. 항상 밝은 생각을 가지라.- 중년기의 불안과 초조는 건강을 위협한다.
4. 남에게 의존하지 말라.- 의존하기 시작하면 인생은 급격히 내리막길을 걷게 된다.
5. 감정에 솔직하라.- 젊은 척 아는 척 부유한 척하는 삼척동자는 왕따를 당한다.
6. 믿음을 가져라. - 믿음 생활은 인생의 석양을 한결 아름답게 만든다.
7. 아무 일에나 참견하지 말라.- 이제는 참견보다는 후원과 격려에 치중하라.
8. 자신에 대한 연민에서 벗어나라. - 나만큼 고생한 사람 나만큼 외로운 사람 나만큼 노력한 사람 등의 표현을 삼가라. 이런 말은 자신의 나약함을

노출하는 행위이다.

9. 인생의 계획을 세워라.- 이제는 인생을 관조하는 지혜가 필요하다.

10. 체념 할 것은 빨리 체념하라 - 이제부터는 새로운 인생이 시작된다는 것을 시인하라

8월은 1년의 중년이자, 꽃과 같은 달이다. 바람처럼 다가오는 시간을 선물처럼 받아들여, 2024년을 아름답고 멋지게 꾸미자. 나이는 먹는 것이 아니라 거듭나는 것이라는 것을 기억하면서--

중년기는 인생의 정상을 향하여 능력과 창의성을 발휘하는 시기다. 뚜렷한 목표를 갖고 불가능이 없는 것처럼 느껴지는 '인생의 황금기', 즉 화살이 겨누는 과녁의 중심이다.

10. 시냇물이 소리를 내는 것은 돌멩이가 있기 때문이다

지천으로 널린 강가의 돌멩이들을 들어 물수제비뜨기를 한다. 일명 물방개치기라고하는 이 놀이는 여름이면 큰 냇가나 강가, 호수에서 동글납작한 돌팔매 쳐서 돌이 물 표면을 스치며 나가는 거리나 뛰는 수효에 따라 이기고, 짐을 가른다.

물방개치기가 서툰 아이는 뾰족하고 모난 돌을 고르지만, 영리한 아이는 둥글납작한 돌을 골라 던진다. 굳이 모난 돌을 고르려 하지 않는다면, 대부분의 강가 돌멩이들은 작고 둥글둥글한 조약돌이 많아 쉽게 고를 수 있다.

강가 돌멩이는 큰 산의 바위에서 떨어져 나와 계곡과 시냇물을 거쳐 물의 세월을 몸으로 받아들여 자기 몸을 부드럽고 납작한 조약돌로 만든 것이다. 비록 웅장한 산의 바위가 아니어서 사람들의 칭송과 감탄을 받지는 못하지만, 부드럽고 작은 돌멩이어서 사람들의 손길 속에서 사랑을 전한다.

시냇물이 소리를 내는 것은 물속에 돌멩이가 있기 때문이란다. 들쑥날쑥한 돌멩이가 있기 때문에 시냇물이 아름다운 소리를 내듯이 들쑥날쑥한 일상의 일들이 있을 때, 우리 인생도 아름다운 소리를 낸다. 강가의 돌멩이가 아름다운 이유다.

인생의 시냇물에도 들쑥날쑥한 돌멩이들이 즐비하다. 그중에 어떤 것은 모서리가 너무 거칠고 날카로워 사람을 상처 내고 주저앉힌다. 그때는 그게 큰 고통이었고 원망스러웠는데, 지나고 보니 아름다운 인생, 아름다운 시냇물 소리의 크고 작은 재료들이었다.

세상에는 세 종류의 사람이 있다. 첫째, 기쁜 일이 있어도 감사할 줄 모르는 사람, 둘째, 기쁜 일 있을 때만 감사하는 사람, 셋째, 역경 중에서도 여전히 감사하는 사람이다.

강가의 돌멩이는 시냇물을 원망하지도, 물살이 거세다고도 불평하지 않는다. 높은 산은 자기가 높아 감사할 줄 모르고, 숲은 나무와 꽃향기를 만든다고 뽐내지만, 강가의 돌멩이들은 자기 몸을 던져 물웅덩이를 만들고 내던져도 감사할 따름이다.

우리는 강가의 돌멩이와는 달리 감사할 조건이 없는 것이 아니라, 감사할 마음이 없는 것이 아닌지 되돌아본다.

세상에는 세 종류의 사람이 있다. 첫째, 기쁜 일이 있어도 감사할 줄 모르는 사람, 둘째, 기쁜 일 있을 때만 감사하는 사람, 셋째, 역경 중에서도 여전히 감사하는 사람이다.

인생길을 이끌어 가는 개 세 마리

제5장 인생길을 이끌어 가는 개 세 마리

1. 군자는 입을 아끼고, 범은 발톱을 아낀다

마음속의 분노와 노여움을 만지거나 들여다볼 수 있다면, 그것은 뜨거움과 뿜어져 나오는 치받음이다.

그래서 몹시 못마땅하거나 언짢아 나는 성남의 표현인 화(火)는 감정의 표현이므로, 식을 때까지, 때로는 멈출 때까지 기다리는 인내심이 필요하다.

군자는 입을 아끼고, 범은 발톱을 아낀다는 말이 있다. (군자애구 호표애피, 君子愛口 虎豹愛皮) 즉, 군자는 말하는 것을 귀중하게 여겨 조심히 말하고, 호랑이는 사냥할 때 귀중하게 사용되는 발톱을 항상 조심한다는 말이다.

굳이 우리 시대의 말로 해석하자면, 진정한 리더는 화에 맞서 싸우거나 억누르기보다는 화의 실체를 끌어안고 달랠 줄 알아야 함을, 화조차도 세련되게 내야 한다는 뜻이다.

성격적 결함으로 주변 사람들에게 툭 하면 화를 내고, 짜증을 잘 부리는 아이가 있었다. 그에게는 말을 걸어줄 친구도, 관심을 가져다주는 친구도 없는, 이른바 '왕따 학생'이었다.

마침내 외로움에 시달리던 아이는 아버지에게 물었다.

"아버지 왜 아무도 저와 친구가 되려고 하지 않을까요?"
아버지는 그 이유는 말하지 않고 오히려 대못과 망치를 주며, 화가 날 때마다 정원 울타리에 못을 하나씩 박으라고 했다. 아이는 아버지가 시키는 대로 했다. 첫날 그는 울타리에 37개나 되는 못을 박았다. 아이는 못을 보며 생각했다.

"내가 이렇게 화를 많이 내는구나." 아이는 못을 박으면서 자신의 화를 누그러뜨리는 법을 배우기 시작했다. 화가 나도 좀 참는 것이 못을 박는 것보다 쉽다는 것을 깨달았다.

마침내 더 이상 화를 내지 않게 되자, 아들은 아버지에게 이 기쁜 소식을 전했다. 하지만 아버지는 칭찬은 커녕 "이제는 화를 참을 때마다 박았던 대못을 다시 빼보려무나"하고 엉뚱한 말을 했다.

아버지의 뜻은 잘 몰랐지만, 아들은 순종하여 울타리에 박았던 대못을 하나씩 하나씩 뽑았다. 못을 다 뽑자, 아들은 그 사실을 아버지에게 알렸다. 아버지는 손을 잡고 정원으로 가서 울타리를 가리키며 말했다.

"정말 수고했다. 아들아, 못을 다 뺐지만, 대못이 박혀있던 구멍들은 그대로 있지. 못을 빼도 울타리는 처음의 모습으로 돌아갈 수 없어. 네가 화를 내며 내뱉는 말들은 이처럼 상대방의 마음속에 박힌 대못과도 같아 큰 상처를 남긴단다."

말에도 온도가 있다. 체온이 묻어나는 사랑과 감사의 말, 펄펄 끓는 칭찬과 격려의 말이 나를 살리고, 우리를 살맛 나게 한다.

다양한 지식을 갖고 있으면서도 겸손하고, 선한 행동에 힘쓰면서도 게으르지 않은 사람, 군자(君子)는 '말의 못질'을 어느 때, 어느 곳에 해야 할지를 안다. 살다 보면 익숙한 것과 이별을 하여 새로운 길을 선택하여 갈 때가 있다.

오늘 하루 지금 이 순간은 아무도 가보지 않은 길이기에 누구에게나 설레고 두렵다.

익숙하지 않은 길이기에 그 설렘과 두려운 길을 함께 갈 사람을 찾는다. 그 사람을 찾을 때, 사람은 내가 이러지는 않은 지 살펴본다.

말에도 온도가 있다. 체온이 묻어나는 사랑과 감사의 말, 펄펄 끓는 칭찬과 격려의 말이 나를 살리고, 우리를 살맛 나게 한다.

2. 인생길을 이끌어 가는 개 세 마리

살다 보면 익숙한 것과 이별을 하여 새로운 길을 선택하여 갈 때가 있습니다. 오늘 하루 지금, 이 순간은 아무도 가보지 않은 길이기에 누구에게나 설레고 두렵습니다.

익숙하지 않은 길이기에 그 설렘과 두려운 길을 함께 갈 사람을 찾습니다. 그 사람을 찾을 때, 사람은 내가 이러지는 않은 지 살펴봅니다.

사람은 나이가 들면서 큰 개 두 마리를 데리고 산다고 합니다.

그 개 한 마리의 이름은
선입견(先入見 / 개견 犬)이고

또 다른 한 마리의 이름은
편견(偏見/ 犬)이라고 합니다.

시간이 지날수록 이 두 마리는 점점 커져 나중에는 주인의 말을 듣지 않고, 어떨 때는 이 개 주인을 이리저리 끌고 다닌다고 합니다.

이제부터는 새로운 개 한 마리를 찾겠습니다.

발견(發見/ 犬)이란
선량한 개를 마음속에 키워,
나 자신과 상대방,

그리고 이웃의

좋은 점을 발견하여 칭찬하고
존중하면서 함께 사는 멋진 꽃길을 갈 수 있도록 .

꽃을 보려면

채송화 그 낮은 꽃을 보려면
그 앞에서
고개 숙여야 한다.

그 앞에서 무릎도 꿇어야 한다.

삶의 꽃도
무릎을 꿇어야 보인다.

                    -- 박두순

삶의 꽃도 무릎을 꿇어야 보인다.

3. 기침하는 나무의 가을 사랑앓이

바람이 붑니다. 가을입니다.

깊은 밤 초가집 초롱불이 어둠을 밝히고, 문틈으로 새어 들어오는 달빛이 그리움을 전합니다.

월하정인(月下情人)이라 했던가? 달빛 아래 남정네 앞에서 곱게 차려입은 여인의 부끄러운 미소가 살포시 마음을 아리게 합니다. 밤길을 내딛는 꽃 걸음걸음마다 땅은 숨을 죽이고, 풀벌레도 사랑의 밀어를 위해 울음을 그칩니다.

조선시대 화가 혜원 신윤복은 그 그림에서 "달빛 침침한 삼경(오후 11시에서 오전 1시 사이) 두 사람의 마음은 두 사람만이 알 것이다"라고 써 놓았습니다.

사랑은 만나야 기쁨이 되고 이별은 헤어져야 눈물이 됩니다. 만남과 헤어짐은 그리움을 만들고, 삶의 희망을 줍니다.

사랑하는 이가 사랑받는 이보다 행복한 것은 살아가는 희망이 대상이 있기 때문입니다.

한 여인을 사랑합니다. 한 남성을 사랑합니다. 그 사랑이 넘칠 듯한 기쁨이 되고 꺼질 듯한 슬픔이 되는 줄 알면서도, 사랑의 늪에 빠지는 것은 사랑에 대한 희망의 믿음이 있기 때문입니다.

진정한 사랑은 소유하는 것이 아니라는 것을 알기까지 사랑은 인생의 스승입니다.

믿음과 사랑과 소망 중에 그중에 으뜸은 사랑이라는 것도 사랑보다 이 세상에 더 큰 힘은 없기 때문입니다.

이제 낮의 길이가 짧아지고 밤의 길이가 길어지면서 가을은 사랑을 기다립니다. 봄이 사랑의 만남이라면, 가을은 사랑의 이별이기 때문입니다. 눈물을 흘리는 사람에게는 위로가 필요합니다.

가을이 가기 전에 미처 찾아보지 못했거나 연락하지 못한 친구나 연인, 부모님에게 편지를 써야겠습니다. 아들 소식에, 딸 소식에, 오랜 친구 소식에, 그리고 사모하는 연인의 이야기에 기뻐할 모습을 그리며, 가을을 맞이하렵니다. 가장 쉽고 간단한 사랑의 시작은 바로 관심이고, 그 관심을 손으로 써 내려가는 것은 바로 사랑의 실천일 테니까요.

그래서 이번 가을에는 우체국에서 우표를 사고 편지를 써서 가을 소식을 전하는 우체부가 되어보렵니다. 비록 직접 전하지는 못하지만, 얇은 종이 한 장이 겨울을 이겨내는 위대한 힘이 된다는 것을 알려야겠습니다.

가을이 사랑앓이합니다. 찬 바람에 아프다고 기침하는 나무에 따뜻한 사랑의 편지를 전합니다. 사랑은 아낌없이 주는 나무처럼 사랑을 먹고 자랍니다.

사랑은 만나야 기쁨이 되고 이별은 헤어져야 눈물이 됩니다. 만남과 헤어짐은 그리움을 만들고, 삶의 희망을 줍니다.

4. 내 안에 천국을 가꾸는 일

푸르렀던 산들이 숨을 죽이며, 깊은 잠에 빠지는 겨울이다.

이맘때쯤이면 산들은 떨쳐버린 숲속의 나무들을 보듬고 계곡의 바위들에도, 흐르는 물소리에도 귀를 기울인다. 이제 곧 추위가 오고 눈보라가 숲 사이를 가로 질러도 산은 모든 것이 제자리에 있음에 감사할 것이다.

풍요함 속에 몰랐던 귀한 생명들이 말을 건다. 겨울은 여름보다 가난하지만, 하나님은 인내와 용기를 주었다. 그리고 무엇보다 중요한 희망을 주었다.

그리스 로마신화에 나오는 계절의 신인 '베트룸누스(Vertumns)'는 겨울에게, 참고 기다리는 용기를 낸다면 '봄'이라는 생명의 약속을 해주었다. 아울러 겨울은 봄의 화려함도, 여름의 푸르름도, 가을의 단풍도 없지만 가장 값진 하얀 '눈옷(雪衣)'을 입는 특권을 받았다.

흰옷은 아무나 입는 옷이 아니다. 순결하고 고귀함으로 세상을 깨끗이 하고, 용서와 화해로 아픈 상처를 어루만져 주며, 치유해 줄 수 있는 자만이 입을 수 있는 은혜의 옷이다.

그래서 설의를 입은 하얀 겨울 산은 자기 자신을 비우고 낮추고, 섬기는 구도자들의 넉넉한 품과 같다. 사람들이 겨울 산을 찾는 보이지 않는 이유는 바로 비우고 낮추는 삶의 지혜를 배우고자 하는 데 있다. 오른 자는 다시 내려와야만 한다.

불만은 위를 보고 아래를 보지 못한 탓이오
오만은 아래를 보고 위를 보지 못한 것이니

이는 곧
비우지 못한 욕심과
낮추지 못한 교만으로부터
자아를 다스리는 슬기가 부족한 탓이라

지혜로운 자는
남보다 내 허물을 먼저 볼 것이며

어진 자는
헐뜯기보다 칭찬을 즐길 것이며

현명한 자는
소리와 소음을 가릴 줄 알 것이로되

반듯한 마음
옳은 생각으로
곧은 길 바른길을 걷노라면
뉘라서 겸손의 미덕을 쌓지 못하리오

마음의 평화는
비움이 주는 축복이요

영혼의 향기는
낮춤이 주는 선물이니

비우고 낮추는 삶은 곧
내 안에 천국을 가꾸는 일입니다.

하얀 겨울 산은 자기 자신을 비우고 낮추고, 섬기는 구도자들의 넉넉한 품과 같다.
사람들이 겨울 산을 찾는 보이지 않는 이유는 바로 비우고 낮추는 삶의 지혜를 배
우고자 하는 데 있다.

5. 하바별시, 내 인생에 가을이 오면

가을밤 술 한잔에 별과 달을 담는다.

푸른 별빛의 외로움을 달래주듯 둥근 달이 내게 눈높이를 맞추어준다. 27살의 젊은 나이로 감옥에서 쓸쓸하게 요절한 시인의 '하늘과 바람과 별과 시는 어디로 갔을까?

갑자기 나 자신이 부끄러워진다. 내 인생에 가을이 오면 나는 나에게 어떤 열매를 얼마만큼 맺었느냐고 물을 것이라던, 윤동주 시인의 나이보다 2배를 더 살고도, 아직도 나는 나의 열매가 아직도 무엇인지조차 모른다.

나는 이제까지 하늘을 이고만 살았지, 바라보고 살지 않았다.

바쁘게 허겁지겁 삶의 굴레 속에서 하늘을 바라보고 꿈을 펼치기보다는, 인생의 무게에 눌려서, 저 그리스 로마신화의 프로메테우스처럼 하늘을 떠받치고만 살았다.

그러니 인생의 참맛을 느끼기보다는 독수리에게 가슴을 쪼이는 삶의 고통을 느낄 뿐이다.

울면서 태어난 인생이 고해(苦海)의 바다인 줄 모르겠느냐만, 그 고통이 즐거움이 된다는 것을 깨닫기까지는 긴 시간이 필요했다.

그 즐거움의 행복을 찾기 위해서 윤동주는 수확의 계절 가을을 위하여 자신의 마음밭에 좋은 생각의 씨를 뿌려 좋은 말과 좋은 행동의 열매를 부지런히 키워야겠다고 고백했다.

나는 이제까지 하늘을 이고만 살았지, 바라보고 살지 않았다.

6. 활과 초원과 토끼, 사냥할 때는 토끼만 봐라

작은 키와 빈약한 몸매 때문에 사관학교에서 '수학자'라는 별명을 얻은 16살의 소년 장교 나폴레옹은 1793년 툴롱에서 천재적인 전략으로 영국군들을 몰아냄으로써, 무기력했던 프랑스 혁명군의 영웅이 되었다.

그리고 27살이 되던 해, 누구도 거들떠보지도 않고 가기를 꺼리는 이탈리아 원정군사령관에 임명되어, 오합지졸의 가난에 찌든 군대를 최정예 부대로 탈바꿈시켜 이탈리아를 정복했다.

'행군을 시키려면 먼저 군화부터 달라'는 아우성을 쳐대는 군사들에게, "제군들은 지금 추위와 배고픔에 떨고 있지만, 조금만 나와 함께 인내하자! 우리가 가는 길에 부와 명예가 기다리고 있다."라고 확실한 목표와 목적을 제시해 주었다.

나폴레옹은 그의 부하들에게 이탈리아 정복이라는 뚜렷한 목표와 부와 명예를 얻을 수 있다는 목적, 즉 '무엇(목표)'과 '왜(목적)'를 확실하게 설명했다. "곧 질릴 수 있을 정도로 먹고, 마실 수 있으니, 힘내라"라고 인간의 본능을 직접적으로 자극하여 설득하는 데 성공함으로써 승리를 얻어낼 수 있었다.

스승과 제자 세 명이 초원에서 사냥을 하기 위해 준비를 하고 있었다. 사냥을 시작하기에 앞서 스승이 제자들에게 물었다.

"지금 너희들은 무엇을 보고 있느냐?"

가장 나이 많은 제자가 대답했다. "제 손의 활과 초원, 그리고 토끼를 보고 있습니다" 스승은 고개를 저었다. 다른 제자가 말했다.

"스승님과 두 형제, 사냥용 총과 토끼, 초원을 보고 있습니다." 이번에도 스승은 또다시 고개를 저었다. 그러자, 가장 어린 제자가 말했다.

"토끼만 보고 있습니다."

"네 말이 옳다. 사냥할 때는 토끼만 보면 된다. 목표만 생각하면 되는 거야"

이탈리아를 정복한 나폴레옹은 추위와 배고픔, 높은 알프스산맥이라는 장애물은 생각하지 않았다. 그래서 나폴레옹은 이탈리아를 정복한 후 "나는 이탈리아는 봤지만, 알프스산맥은 보지 못했다"라고 말했다.

목표가 하나일 때, 정신을 집중하고 매진할 수 있다. 사냥하지 못하는 사자는 굶어 죽을 수밖에 없다. 살기 위해 사자는 먹잇감의 무리 중 한 마리만을 선택해 온 힘을 다해 뛴다.

나폴레옹은 그의 부하들에게 이탈리아 정복이라는 뚜렷한 목표와 부와 명예를 얻을 수 있다는 목적, 즉 '무엇(목표)'과 '왜(목적)'를 확실하게 설명했다.

7. 토끼와 거북이, 홀쭉이와 뚱뚱이가 철길을 걷는다면

『판매의 심리학』의 저자 브라이언 트레이시는 미국, 유럽, 호주, 아시아 등지에서 연간 50만 명을 대상으로 강의하고 있는 성공한 사업가이자, 세계 최고의 판매 교육가다. 그는 22개 사업 분야에서 회사를 세워 운영하거나 기존의 기업을 정상화했다.

특히 그는 운명은 만들어가는 것이라고 말하며, 매일 매일 '목표'를 세우고 인내심을 갖고 끊임없이 일하며, 자신 안에 숨어있는 '성공 시스템'을 일깨울 것을 강조한다.

뚱뚱이와 홀쭉이 두 친구가 지금은 사용하지 않는 폐기된 철길을 걷다가 내기했다. 둘은 누가 더 멀리까지 가는 지 내기했다. 마치 토끼와 거북이처럼.

홀쭉이는 자신이 인내심도 강하고 말랐으므로, 뚱뚱이보다 더 잽싸게 걸어 이길 것을 확신하고 빠르게 걸어 뚱뚱이를 멀리 따돌렸다. 그러나, 그는 지쳐서 서서히 걸음 속도를 늦출 수밖에 없었고, 이내 멈춰 섰다.

하지만, 뚱뚱이는 처음과 같은 속도로 걸어서 거리를 좁히더니, 어느 순간 홀쭉이를 따라잡았다. 뚱뚱이의 앞지르기에 당황한 홀쭉이는 마음이 급해져 걸음을 재촉했지만, 체력이 달려 넘어지고 말았다. 결국 뚱뚱한 사람이 내기에서 이겼다.

홀쭉이가 뚱뚱이에게 내기에서 이긴 비결을 묻자, 이렇게 대답했다.

"너는 발밑의 철도만 보고 가더라. 그래서 멀리 가지 못하고 넘어진 거야.

하지만 나는 배가 나와 뚱뚱해서 발밑의 동전은커녕, 걷고 있는 철도를 볼 수 없었어. 그래서 저 멀리 철도 끝만 바라보았지. 너는 발밑의 철도만 내려다봤기 때문에 변색되고 녹슨 철도와 그 사이에 낀 이끼만 보았겠지만, 나는 철도 끝을 봤기 때문에 정신을 집중할 수 있었어"

많은 사람들이 목표를 세우지만, 그 뜻을 이루지 못하는 것은 힘들어서 포기하는 것이 아니라, 구체적인 목표가 없어서 포기하기 때문이다.

달을 가리키면 달을 봐야지 손가락 끝을 봐서는 안 된다.

如人以手指月示人
여인이수지월시인 (어떤 사람이 손가락으로 달을 가리키면)

彼人因指當應看月
피인인지당응간월 (그 가리키는 손가락을 따라 달을 보아야한다)

若復觀指以爲月體
약부관지이위월체 (그러나 만약 달 대신 손가락을 바라본다면)

此人豈唯亡失月輪
차인기유망실월륜 (그런 사람은 달만 볼 수 없는 것이 아니라, 그 근본을 보지 못하는 것이다.)

亦亡其指 역망기지
(달을 가리키면 달을 봐야지 손가락 끝은 왜 보나?)

-『원각경』- 에서

많은 사람들이 목표를 세우지만, 그 뜻을 이루지 못하는 것은 힘들어서 포기하는 것이 아니라, 구체적인 목표가 없어서 포기하기 때문이다.

8. 길에서 길을 묻다. -산티아고 가는 길

길에서 길을 묻는 사람이 많아졌다. 가을 녘 저녁노을을 바라보며 황금빛 들판을 가로지르고, 거센 바닷바람을 안고 해안가를 걷고, 숲길을 찾아 생각에 생각을 더하는 걷기꾼들이 이 가을에 느린 삶을 반추하는 것이 트렌드가 되어가고 있다.

제주도의 올레길(좁은 골목길이라는 뜻)은 '놀멍 쉬멍 가당보믄 그리운 님 보아지카'를 외치며 올해에만 벌써 12만 명이 다녀갔다고 한다. 스페인의 옛길 '카미노 데 산티아고(Camino de Santiago, 산티아고 가는 길)'가 지상파 방송을 탄 지 불과 3년이 채 못되어 국토 종단은 물론 세계의 구석구석을 걸어서 여행하겠다는 사람이 늘고 있다.

이 가운데 김남희 씨는 전업 도보여행하는 이색 직업을 갖고 프랑스 생장 피드포르에서 스페인 북서쪽 도시 산티아고 데 콤포스텔라까지 장장 36일간 8백 킬로미터를 걸은 이야기를 ≪소심하고 겁 많고 까탈스러운 여자 혼자 떠나는 걷기 여행 1.2≫로 펴냈다.

산티아고 길은 2천 년 전 예수의 열두 제자 중 하나였던 야곱이 복음을 전하기 위해 예루살렘에서부터 걸어왔던 길이다. 그 길의 끝은 야곱이 잠들어 있는 도시 산티아고 데 콤포스텔라다. 예루살렘, 로마와 더불어 기독교 3대 성지인 이곳에는 천 년 전부터 유럽의 순례자들이 모여들었다.

먼 옛날 순례자들은 산티아고 길의 상징인 조개껍질을 매달고 지팡이를 짚으며 자기 집에서부터 산티아고까지 걸어갔다가 다시 걸어 돌아왔다. 11~12세기에 절정에 달했던 산티아고 순례는 이후 점차 쇠퇴했는데, 1993년 유네스코가 이 길을 세계문화유산으로 선포하면서 다시 이 길에 사람들이 몰려들고 있다.

그녀의 꿈은 세계여행이라는 많은 사람들의 로망과는 같았지만, 두 다리의 힘만 믿고 오로지 '걸어서'라는 새로운 도보여행으로 세상을 바라보는 것이다. 이제 걷기는 그녀만의 것이 아닌 세상이 되어 버렸다. 이름난 휴양지나 풍광 좋은 관광지도 좋지만, 걷는다는 것 그 자체가 삶의 나눔과 소통의 현장이 되어 버렸다.

길에서 길을 묻는 사람들에게 가장 큰 감동은 '감사와 배려'다.

김남희 씨는 그 길에서 만난 사람들을 이렇게 말한다. "아픈 나에게 약을 나눠주고, 목마른 나에게 물을 건네주고, 배고픈 이에게 밥을 덜어주고, 처음 보는 나의 지친 다리를 정성껏 주물러준다." 비록 몸은 힘들어도 활짝 열린 마음으로 서로를 돌보고 배려하는 사람들이 그 길에는 가득하다.
그 길은 "세상에서 가장 아름다운 길이자 가장 안전한 길"이다. 무엇보다 그 길의 사람들에게는 다 같이 힘든 길을 가고 있다는 데서 오는 공감대와 서로에 대한 배려가 있다. 내가 힘든 만큼 남의 고통에 민감하고, 배고픈 경험을 했기 때문에 남의 끼니를 걱정하는 것이다. 인간의 선량함, 평화, 나눔을 무한대로 느낄 수 있는 곳이 바로 이 산티아고 길이다.

우리 병원, 우리 기업에 사랑과 배려와 감사가 넘치게 하려면 모든 이들이 기꺼이 길에서 길을 묻는 그 한 발자국부터 함께 옮겨볼 일이다.

세상은 배운만큼 보이고 아는 만큼 행복해진다.

길에서 길을 묻는 사람들에게 가장 큰 감동은 '감사와 배려'다.

9. 베이비 부머 1천만 시대, 나만의 장독대를 만들자

정월(正月)장이 가장 맛있단다.

음력 정월 말일(양력 3월 9일)이나 손 없는 날을 잡아 한국 여인네들 자신의 손맛을 가장 뽐내는 장 담그기 좋은 날이다. 우리 조상들은 추운 정월이라야 짜게 담그지 않아도 쉬지 않고 벌레도 생기지 않아 장 담그기 알맞으므로 정월장이 제일 맛있다고 했다.

지금은 아파트 베란다에 그 자리를 물려줬지만, 우리 전통 가옥에는 집집마다 장독대가 있었다. 장독대는 한국 가정의 필수적 설비로서 대체로 햇볕이 잘 드는 동편에 마련하는데, 대지가 넓은 집은 뒷마당에 만들고, 좁은 집에서는 앞마당에 만들었다.

돌을 2~3층 쌓아서 1~2평의 높다란 대(臺)를 만들고, 맨 뒷줄에는 큰 독, 중간에는 중들이, 앞줄에는 항아리를 늘어놓았다. 가장 큰 독은 장독으로 쓰고, 중들이에는 된장·막장 등을 담아 두며 앞줄의 작은 항아리에는 고추장류·장아찌류를 담는다. 고추장 항아리는 대개 키가 작고 복부(腹部)가 위아래보다 크며, 구경이 넓어서 볕을 많이 받을 수 있는 것이 특징이다.

집안 살림의 규모가 클수록 장독대의 규모도 커서 한 줄에 4~5개씩 놓기도 하는데 주부들의 살림 솜씨를 장독대를 보고 평가했다. 물은 세지 않으면서도 공기 살아 숨 쉬는 옹기그릇들의 향연장인 장독대는 한마디로 그 집 안주인의 가장 큰 살림살이자 보물이다. 또한 장독대는 모든 맛의 근원인 장이 우리 몸을 이롭게 하는 간장, 된장, 고추장의 발효와 숙성의 저장 창고이다.

그래서 옛날에는 장담그기를 신성시하여 장담그기 며칠 전부터 외출을 삼가고, 몸을 정갈히 하고, 몸가짐을 단정히 하여 장을 담갔으며, 장 담근 이후에도 오랫동안 외출을 삼가며, 부정을 막았다고 한다.

그러나, 장 담그기에 가장 중요한 것은 음식의 맛을 삭히는 발효와 숙성을 위한 기다림의 시간이다. 장독대 하나하나의 독과 항아리들은 세월의 풍상을 겪으면 겪을수록 장독대는 더욱더 귀한 보물이 된다.

베이비 부머 1천만 명의 시대, 시간의 속절없음을 후회하고 아쉬워 하기보다는 나만의 장독대를 만들기 위해 이제 자기의 정월장을 만들기에 나서봄은 어떨지. 시간을 삭히고 세월을 농익게 하면 과거는 새로운 미래로 발효되고 숙성된다.

장 담그기에 가장 중요한 것은 음식의 맛을 삭히는 발효와 숙성을 위한
기다림의 시간이다. 장독대 하나하나의 독과 항아리들은 세월의 풍상을 겪으면 겪을수록 장독대는 더욱더 귀한 보물이 된다.

10. 사람 뱃길은 없어도 자연의 물길은 있다

5천 년 전 고대 이집트 문명은 나일강의 범람으로부터 시작됐다.

아프리카 대륙을 관통하는 나일강은 길이 6,671km로 세계에서 가장 긴 강일 뿐 아니라, 1년 중 6월에서부터 10월까지 강물이 넘쳐 비옥한 토지를 만들어주는 덕분에 피라미드를 비롯한 오늘날의 태양력, 천문학, 기하학을 발달시켜 주는 토대를 만들어 주었다.

이집트인들은 나일강의 범람 시기를 정확히 예측하기 위해 천문학을 발달시켰고, 강의 범람으로 토지의 소유 구분이 불분명해지는 것을 해결하기 위해 기하학을 완성했다.

기하학(geometry)의 geo-는 토지를, metry는 측량을 뜻한다는 말로 이집트인이 개발한 이와 같은 도형에 관한 지식은 지중해를 건너 그리스로 전파되었다.

재미난 사실은 이집트의 연 평균 강수량은 100mm가 넘는 곳도 있지만 대부분 비가 오지 않는 사막기후라는 사실이 장맛비 속에 폭우가 쏟아져 강둑이 무너지고, 농경지 침수되는 우리의 현실과 비교할 때, 아이러니칼하다.

어느 무더운 여름날 오후에 소금 장수가 마을에서 산 소금 한 가마니를 당나귀에 싣고 집으로 가고 있었다. 당나귀는 짐이 무거워서 견딜 수가 없었다.

그러다가 도중에 냇물을 건너야 할 곳에 이르렀다. 당나귀는 냇물을 건너가다가 자칫 발을 잘못 디뎌 냇물 가운데서 쓰러지고 말았다. 등에 진 소금은 물에 흠뻑 젖어 반쯤은 녹아서 흘러나가 버렸다. 덕분에 당나귀는 짐이 가벼워져서 기분 좋게 집으로 갈 수가 있었다. 여기에 재미를 붙인 당나귀는 그다음에는 냇물에 이르면 일부러 쓰러져서 등에 진 소금을 물에 녹여 버렸다.

당나귀가 일부러 냇물에 쓰러진다는 것을 알고, 당나귀를 한바탕 혼내 주려고 솜을 사서 당나귀의 등에 실었다. 당나귀는 이날따라 짐이 가벼웠지만, 냇가에 이르자 더 가볍게 하려고 물에 풍덩 쓰러졌다. 그러자 등에 진 솜이 물을 잔뜩 빨아들여 굉장히 무거워졌다. 지금까지 지고 다녔던 어떤 짐보다도 훨씬 무거워진 것이었다. 그 후로 당나귀는 일부러 물에 빠지지 않았다.

고대 이집트인들은 소금 장수처럼 나일강의 범람을 당나귀 부리듯 물을 이용할 줄 아는 지혜를 가졌다. 그들은 강물로부터 하늘에 떠 있는 별자리 움직임의 원리를 알아냈고, 돌 한 개의 무게가 2.5톤이 넘는 3백여 만개의 거대한 석조물, 피라미드 건축의 신화를 만들어냈다.

물은 생명의 근원이며, 강물은 생명의 탯줄이다. 때로는 강물이 마르고 때로는 강물이 넘쳐도 자연은 쉼이 없다. 사람의 뱃길은 없어도 자연의 물길은 있다. 높으면 돌아가고 낮추면 내려간다.

오늘의 이집트에서 우리가 배워야 할 지혜다.

고대 이집트인들은 강물로부터 하늘에 떠 있는 별자리 움직임의 원리를 알아냈고, 돌 한 개의 무게가 2.5톤이 넘는 3백여 만개의 거대한 석조물, 피라미드 건축의 신화를 만들어냈다.

공주의 남자는 못난 첫째 딸을 선택했다

제6장 공주의 남자는 못난 첫째 딸을 선택했다

1. 벼가 익기 위해서는 고개를 떨구어야 한다
2. 꽃들은 결코 미래를 이야기하지 않는다
3. 삶이 위대하고 아름다운 이유
4. 720만 달라 아이스박스, 그리고 튤립 한 송이
5. 가장 위대한 영광은 넘어졌을 때 다시 일어서는 것이다
6. 한 마리 새가 쉬는 데는 나무 한가지면 충분하다
7. 공주의 남자는 못난 첫째 딸을 선택했다
8. 어리석은 자 몸을 다스리고, 지혜로운 자 마음을 다스린다
9. 땅에서 넘어진 자, 땅을 짚고 일어서라
10. 진정한 봄은 그런 것이다. 일장춘몽처럼

1, 벼가 익기 위해서는 고개를 떨구어야 한다

넉넉지 않은 하루는 있어도 온전하지 않은 하루는 없다.

아침 해가 뜨고 저녁 해가 지면, 이슬처럼 투명한 아침을 맞기 위해 경건한 마음으로 감사의 기도를 드린다. 내가 사는 이유?, 내가 사는 길?, 내가 가는 길?, 그리고 또다시 대면하는 나를 보며 '아침앓이'를 한다.

나와 같이 아침앓이를 하면서도 '라온하제(즐거운 내일)'를 말하는 여인이 있다.

그녀는 아침에 희망의 언저리가 산다며 희망의 부피를 "좋은, 푸르른, 찬란한, 눈부신, 순결한, 생생한, 깨끗한, 즐거운, 사랑스런" 단어의 화려한 말꾸밈새로 아침앓이를 치료한다. 수필가이자 세 아이의 엄마로서 "예그리나(서로 사랑하는 사이)"라는 말을 살려내는 유민자씨다.

제주 해녀들의 "이어도 사리, 이어도 사리 너른 마당, 저승길 왔다 갔다,저승길 왔다 갔다, 저승길 왔다 갔다"하는 흥얼거림 속에 녹아있는 숨비소리를 들으면, 아침앓이는 현실 앞에서 단숨에 꼬리를 감춘다.
숨비소리는 바닷속 해녀들이 바닷속에서 작업을 마친 뒤 수면에 올라와 참았던 숨을 한 번에 내쉴 때 나오는 숨소리를 말한다. 제주가 간직한 고요한 슬픔이라고 보기보다는 강인한 여성의 어머니로서 삶의 힘과 환희가 느껴진다.

일렁이는 푸른 바다 밑을 자유롭게 헤집고 돌아다니면서도 죽음의 공포 속에서 해방되는 삶의 숨소리, 숨비소리에서 건강하게 되돌려준 삶에 축복과 감사를 느낀다.

선한 마음 하나가 악한 마음 하나를 밀어내면 그것이 때 묻지 않은 자연의 여름 향기다.

바다에서 찾지 못한 초록빛 여름 향기를 찾아 나선 몽골 초원에서도 유민자씨는 말과 바람과 사람이 만들어 가는 길에서 묻고 또 묻는다. 몽골어로 길을 가르쳐주는 나무라는 뜻의 이깔나무를 보며 말을 걸어 본다.

가난한 행복을 모르는 이방인에게는 완전하지는 않더라도 다소 모자람이 있기에 채워줄 수 있는 기쁨은 사치일 뿐이다. 몽골 초원에서 문명의 편리함은 불편함 속에 있는 군더더기일 뿐이다.

사랑하는 이는 사랑받는 이보다 행복한 것처럼 '즐거운 내일(라온하제)의 기쁜 나(라온 제나)'는 이깔나무에게 말을 거는 여자의 화려한 말 잔치로 여름 향기를 진하게 전한다. 그리고 숨비소리는 지금도 내 안의 큰 욕심 하나를 내려놓으라 외친다.

벼가 익기 위해서는 고개를 떨구어야 한다.

숨비소리는 제주가 간직한 고요한 슬픔이라고 보기보다는 강인한 여성의 어머니로서 삶의 힘과 환희가 느껴진다.

2. 꽃들은 결코 미래를 이야기하지 않는다

여름은 한바탕의 꿈이다. 쑥쑥 자란 나무들과 꽃대를 밀어 올린 꽃들의 향연이 나비와 벌들을 부지런히 불러 모으고, 산 밑 계곡을 흘러내리는 물소리는 그 어느 때보다도 우렁차고 씩씩하다. 모든 것이 풍요로움을 알리는 신호다.

바쁘고 분주하게 돌아가는 삶의 테두리에서 한낮의 뜨거운 더위는 잠시 쉬어가라 잠을 청한다. 달콤한 낮잠의 졸린 눈이 몸을 천근만근 무겁게 짓누르는 동안 잠시나마 고단한 현실을 잊어보라는 것이다.

꿈은 자유의 상징이다. 특히 한여름 밤의 꿈은 사랑이 제격이다. 뜨거움은 젊은이들을 들끓게 만든다. 인생의 즐거움과 자유연애를 상징하는 나비가 장맛비 속에서도 보랏빛 비비추꽃을 찾아 사랑을 노래하는 때도 바로 7월의 한여름이다.

빙글빙글 비비 꼬여 꽃이 피기 때문에 비비추라는 이름을 가진 보랏빛이 꽃은 요즘 젊은이들의 '부비부비'만큼이나 야하다. "꽃에게 말을 걸다"의 저자 백승훈 시인은 오래도록 쉼 없이 꽃이 피고 지는 비비추의 얽힌 이야기 보따리 하나를 책 속에서 풀어 놓았다.

"아버지를 대신해 변방으로 부역을 간 '가놈'이라는 청년을 6년째 기다리던 '설녀'라는 처녀는 때를 놓치기 전에 다른 곳으로 시집가"라는 아버지의 재촉에, 마당에 핀 비비추꽃이 다 질 때까지만 청년을 기다리겠다고 약속했다.

그런데 이 비비추꽃은 끊임없이 새 꽃봉오리를 밀어 올리고, 꽃을 피워냈다. 마침내 비비추꽃이 지기 전에 청년이 돌아와서 둘은 사랑을 이뤄냈다. 잦은 장맛비에 주저앉는 마음 한구석 일으켜 세워 세상을 환하게 밝히고 싶다. 나도 비비추처럼 그대 둘레를 싱싱한 푸르름으로 채우고 싶다.

인생이라는 화려한 꽃은 오래가지 않는다. 삶을 제대로 보려면 자신의 인생 눈높이에 안분지족(安分知足:자기 분수에 맞게 본분을 지키다)할 줄 아는 지혜가 필요하다.

"꽃들은 결코 미래를 이야기하지 않는다. 사람처럼 한 번도 만난 적이 없는 내일에 모든 것을 거는 법이 오직 현재의 시간에 충실하여 최선을 다해 꽃을 피우고 맑은 향기를 길어 올릴 뿐이다."- 꽃의 미덕을 알고 꽃에게 말을 거는 남자 백승훈 시인의 말이다.

> 인생이라는 화려한 꽃은 오래가지 않는다. 삶을 제대로 보려면 자신의 인생 눈높이에 안분지족(安分知足:자기 분수에 맞게 본분을 지키다)할 줄 아는 지혜가 필요하다.

3. 삶이 위대하고 아름다운 이유

8월의 아침, 동해 앞바다, 오늘도 붉게 타오르는 해를 바라보며, 지금 서 있음에 감사한다. 저 깊숙한 바다 밑의 어둠을 뚫고 하늘로 치솟는 해가 찬란하게 빛날 수 있는 것은 생명의 빛을 소중히 여기며, 또 다른 하루를 여는 용기의 칼을 가졌기 때문이다.

넓은 강물이 느릿느릿 여유로움 속에 흘러가는 것처럼 보이는 것은 저 큰 산에서 발원한 작은 시냇물들이 모난 돌과 울퉁불퉁한 길을 거쳐 삶의 고통을 이겨냈기 때문이다.

개인의 삶은 하나의 점처럼 움직이고 역사는 하나의 선처럼 그려진다고 하지만, 삶이 위대하고 아름다운 이유는 매일 매일 일어나는 그 하나의 작은 일 때문이다. 그러기에 과거에 얽매이지도 말고, 다가올 미래에 대해 두려워도 말며, 바로 현재인 지금(NOW)을 소중하게 여겨 하루하루를 성실히 살아가도록 노력할 일이다.

마음이 아름다운 시인 이해인 수녀는 최근의 칼럼 '12월의 편지'에서 "암과 싸우고 있는 나는 어느 날 문득 깨달았습니다. 오늘이 내 남은 생애의 첫날이며, 어제 세상을 떠난 사람이 그토록 살고 싶어 하던 내일이었다는 사실을" 그래서 수녀는 고백합니다. 이제부터는 무엇을 달라고 기도하기보다는 이미 받은 것에 대한 감사의 기도를 더 많이 하겠다고,

행복은 아주 가까운 곳에 있다. 성공이 학교의 성적순이 아니듯이 행복은 가진 것의 많고 적음이 아니라 바로 마음가짐이며, 지금 하는 일에 대한 몰입이고, 가진 것에 대해 스스로 만족하는 것이다. 까마귀는 결코 꾀꼬리의 소리를 내지 못한다.

지금 자신이 하는 일에 자존감(Self-Assurance)을 느끼고 서로서로 사랑하는 마음으로 이웃을 돌볼 때 행복은 스스로 문을 연다.

리처드 스티븐스는 행복의 세 가지 요소로서 1) 긍정적인 마음, 2) 활기 넘치는 생활, 3) 인생에서의 가치 있는 선택을 꼽았다. 인생의 가치 있는 선택이 행복의 요소라는 말은 매우 의미가 있다.

누가 말하기를 인생은 from B to D라고 했다. 인생이 B에서 D까지란 말은 B가 Birth(출생)이고, D가 Death(죽음)이니 결국 인생은 태어나 죽는다는 것이라는 말이 된다. 그런데 인생이 그렇게 단순하고 만만하지만 않은 것은 ABCD의 B와 D사이에 Choice, 즉 선택을 의미하는 C가 있다는 것이다. 다시 말해서 인생은 선택이라는 말이다.

오늘의 선택이 내일의 나를 만든다.

> 리처드 스티븐스는 행복의 세 가지 요소로서 1) 긍정적인 마음, 2) 활기 넘치는 생활, 3) 인생에서의 가치 있는 선택을 꼽았다.

4. 720만 달러 아이스박스, 그리고 튤립 한 송이

달걀 한 판으로 세계 경제의 심장이라 불리는 뉴욕의 땅 10,000평을 살 수 있을까?

세계에서 제일 비싼 뉴욕 매디슨가의 1평 땅값이 약 7억 8천만 원이라 하니 지금으로서는 어림도 없는 소리지만, 1626년에는 가능했다.

네덜란드 신대륙 식민지의 초대 총독 피터 미뉴이트(Peter Minuit)가 원주민인 인디언으로부터 맨해튼의 2만 에이커(2,400만 평)에 달하는 땅을 60길더(네덜란드의 화폐단위로 옛날의 금화와 은화를 뜻함) 값어치의 옷가지와 장신구, 목걸이 등을 주고 샀기 때문이다.

당시의 화폐 기준으로 환산하면 대략 1길더로는 달걀 10판(1판은 30개)쯤을 살 수 있는 돈이었다고 하니, 달걀 1개 값과 맨해튼 땅 8만 평을 맞바꾼 셈이다. 재미있는 사실은 1637년 그 당시 제국주의 선두 주자 네덜란드의 전성기 "튤립 투기"가 일어나서, 튤립 1송이의 값이 1길더였다는 것이다.

네덜란드 사교계의 신사들이 우아하고 아름다운 백작 부인들의 마음을 사로잡기 위해 너도나도 사들이는 바람에, 튤립 몇 개를 소유하였는가로 신분의 고귀함과 부의 척도가 되었다. 따라서 튤립 값이 천정부지로 치솟아 심지어 튤립 1송이에 100길더, 200길더까지 오른 적도 있었다.

이를 고려하여 뉴욕을 인디언으로부터 60길더에 사들인 사실을 좀 더 과장되게 말한다면, 현재 화폐가치인 단돈 24달러에 뉴욕을 통째로 사들인 것이다. 그리고 그 값은 당시 튜율립 1송이 값에도 미치지 못했다. 하지만 뉴욕은 지금 세계 금융의 중심지로 "뉴욕에서 못 이룰 일이 없다"라고 불릴 정도로 세계에서 가장 높은 부가가치를 만들어내는 곳이 되었다.

미국에 이런 또 다른 땅이 있다. 1741년 덴마크의 탐험가 비투스 조나센 베링이 알래스카를 발견한 이후 러시아 제국의 영토로 인정받다가, 1867년 미국과 러시아 제국의 조약에 의하여 미국에 양도되어 49번째 주로 편입되었다.
알래스카 본토의 남북 길이는 1,450㎞, 동서 너비는 1,300㎞로 춥고 황량하기만 한 이 지역은 러시아로서는 쓸모없고 골치 아픈 존재였다. 그래서 러시아에서 알래스카에 붙여준 별명이 아이스박스였다.

이 아이스박스 알래스카를 미국 국무장관 윌리엄 H. 슈어드가 불과 720만 미국 달러, 즉 1㎢당 5달러가 못 되는 헐값으로 알래스카를 사들이는 조약을 체결시켰다.

그 후 1880~1890년대에 금이 발견되자, 미국인의 정착이 크게 촉진되었고, 금, 은, 석유 등을 비롯한 각종 자원과 금속들이 발견되었다. 더욱 황당한 것은 알래스카에서 채굴된 철광석만으로도 당시 기준으로 720만 달러의 몇 배나 되는 4,000만 달러어치가 넘었다는 사실이다.

알래스카에 매장된 철만 이 정도인데, 다른 금속 및 자원의 양을 고려한다면 알래스카 매입은 사실상 매입이 아니라 제정 러시아가 미국에 공여한 것이나 다름없다. 더구나 현재 미국은 중동, 베네수엘라에 이어 세계 석유 매장량으로 3위를 차지하고 있는데, 이는 알래스카에 엄청난 양의 석유가 매장되어 있기 때문이다. 또한 알래스카에 매장된 석탄은 전 세계 석탄량의 10분의 1에 달한다.

하지만 알래스카가 눈 덮인 아이스박스에서 보물섬인 황금 박스가 되기까지는 비난을 감수하고, '씨앗에서 열매'를 볼 줄 아는 용기 있는 청백리, 국무장관 수어드가 있었기 때문이다.

요지경 세상 속에서도 1%의 숨어있는 가치를 찾아낼 줄 아는 걸출한 인재가 그 어느때보다도 필요하다.

알래스카를 미국 국무장관 윌리엄 H. 슈어드가 불과 720만 미국 달러, 즉 1㎢당 5달러가 못 되는 헐값으로 알래스카를 사들이는 조약을 체결시켰다.

5. 가장 위대한 영광은 넘어졌을 때 다시 일어서는 것이다

개척기 미국 서부를 배경으로 총잡이와 주변 인물들이 중심이 되는 서부영화는 미국인들의 개척정신을 상징하는 DNA다.

특히 1992년 존 하워드 감독이 메가폰을 잡고 톰 크루즈와 리콜 키드먼이 열연한 '파 앤드 어웨이(Far And Away)'는 영화제목이 말해주듯 서부 개척 시절 광활한 땅에 깃발 들고 말을 달려 먼저 꽂는 사람이 임자라는 흥미로운 이야기를 담고 있다. -이른바 랜드 러쉬(Land Rush)

미국 전체 인구의 3분의 1인 1억 1천만 명이 넘는 시청자들이 열광하는 미국 최대의 스포츠 축제 슈퍼볼은 현대판 랜드 러쉬의 축소판이라 할 수 있다.

재미있는 사실은 우리나라 남한 땅 넓이의 100배(약 963만km²)의 국토를 가진 3억 명의 미국 사람들이 고작 길이가 108m(120야드), 폭이 48m(160피트)인 직사각형의 축구장에서 각 팀 11명의 선수들이 치열하게 싸우는 땅따먹기(터치다운)에 열광한다는 것이다.

그들은 슈퍼볼이 서부 개척 시대의 현대판 '파 앤드 어웨이(Far And Away)'로서 도전과, 희생, 협력을 통한 새로운 목표 달성을 이뤄내는 미국인들의 참 유전자(DNA)라고 웅변한다.

미국인들은 슈퍼볼이 열리는 '슈퍼 선데이'를 2011년 레이건 대통령 탄생 100주년을 기념하여 '기퍼 선데이(Gipper Sunday)'라고 불렀던 적이 있다.

이유는 할리우드의 이류 배우였던 레이건이 실화에 바탕을 둔 '누트 라크니'라는 영화에서 노터데임대학 풋볼팀 비운의 선수 조지 기퍼역을 맡아 자신의 애칭을 기퍼라고 불렀기 때문이다.

영화에서 죽음을 앞둔 조지 키퍼는 결승전에 나서는 동료들에게 "자신을 위해 한 번만 더 이겨달라" 이야기하는데, 레이건은 '기퍼에게 한 번 더 기회를 주세요'라는 선거슬로건으로 민주당 먼데일 후보를 이겼다.

그리고 젊은 먼데일이 대통령 선거전에서 70세라는 레이건의 고령 문제를 끈질기게 문제 삼자. 자신의 나이는 서른아홉 살 생일에 서른한 번째 기념일을 치렀을 뿐이라고 맞받아쳤다. 또한 당신이 너무 젊고, 경험이 전혀 없다는 사실을 나는 정치적인 목적에 이용하지 않겠다는 유머로 상대방을 녹다운시켰다.

그런 그가 지금 슈퍼볼에서 "가장 위대한 영광은 넘어졌을 때, 다시 일어서는 것"이라고 말한다. 고 레이건 전직 대통령이 '위대한 소통자(Great Communicator)'인 이유다.

슈퍼볼은 서부 개척 시대의 현대판 '파 앤드 어웨이(Far And Away)'로서 도전과, 희생, 협력을 통한 새로운 목표 달성을 이뤄내는 미국인들의 참 유전자(DNA)라고 웅변한다.

6. 한 마리 새가 쉬는 데는 나무 한가지면 충분하다

공자(公子), 맹자(孟子)와 같이 그릇에도 품격이 다른 선생님이 있다. 옛 시절 아버지 심부름으로 술도가에서 외상으로 막걸리를 받아오며, 배고픔과 달착지근함에 한 모금 입 대고 들이켰던 주전자.

그런 그 주전자를 한자어로 쓰면 "주전자(注煎子)"가 된다. 그릇에다 자(子)란 존칭을 붙인 경우는 오직 주전자뿐으로 우리말로 하면 "선생님" 또는 "님"이란 뜻이다. 주(注)는 "붓는다."란 뜻이고, 전(煎)은 "끓인다."라는 뜻인데---

왜 붓고 끓이는 그릇에 선생님이란 존칭의 자(子)를 쓴 이유는, 주전자가 차를 끓이고 붓기 위한 도구이기 때문이다.

요즘 우리가 생각하는 막걸리 주전자와는 달리 우리 옛 선비들에게 주전자는 인간으로 하여금 탐욕과 성내는 것과 어리석음을 스스로 바라보게 하는 내면의 성찰을 통해 지혜를 깨닫게 하는 차를 끓여 내오는 그릇이었다.

특히 우리의 자생 차나무는 뿌리의 직근성 때문에 예로부터 "불이직수(不移植樹)"라 하여 사람들이 옮겨 심지 않았고, 차나무 역시 뿌리를 옮기면 차라리 죽음을 택했기에 선비정신과도 통했다.

그래서 조선시대 말까지 딸이 시집가는 가마에 친정아버지는 차씨를 넣어주어 시댁에 심게 했단다. 이는 차나무의 뿌리처럼 한곳에서 깊게 정착하여 남편과 사별하더라도 재혼하지 말고, 지조를 지키는 삶을 살라는 가르침을 무언중에 암시한 것이다.

우리의 차나무는 "忠臣(충신)은 不事二君(불사이군)이요,烈女(열녀)는 不更二夫(불경이부)니라. (충신은 두 임금을 섬기지 않고 열녀는 두 남편을 섬기지 않는다.-명심보감 입교편) "지조를 담고 있다.

조선 후기 초의선사(1786-1866)는 이런 우리의 차의 정신을 다도(茶道)로 승화시켜 한 잔의 차를 마시는 것은 부처님의 가르침을 얻어 기쁨을 얻고 선(禪)에 이르는 길이라 하여 차와 선이 별개의 것이 아니라고 하였다. (다선일여:茶禪一如)

불교뿐 아니라 유학과 도교, 화서(畵書)에도 능했던 초의선사는 그가 기거하던 해남 대둔사 일지암에서 같은 시대 유배 생활에 지친 추사 김정희에게 차를 대접하며 교유를 가졌다.

그가 기거했던 "한 마리 새가 쉬는 데는 나무 한가지면 충분하다"라는 일지암(一枝庵)의 뜻과 같이 두 사람은 다인(茶人)으로서의 우정을 쌓아 나갔다.

초의선사에게 부처가 되기 위한 깨달음의 다도(茶道)가 있었다면, 추사 김정희에게는 벼루 10개와 붓 천 자루의 서도(書道)가 있었다.

추사 김정희는 후일 '청관산옥(靑冠山屋)'이란 시 속에서 '해묵은 초가삼간, 비바람을 피할 수 있어(老屋三間, 可避風雨) 빈 산의 선비 하나, 홀로 이소경(離騷經:중국 충신 굴원이 지은 수양지침서)에 주(注)를 다네'라고 썼다.

세상의 모진 풍파와 비바람을 견뎌내고 스스로 인내하며 청빈(淸貧)을 덕으로 삼는 CEO만이 청관산옥에서 달빛 아래 연못물을 퍼내고 물고기를 잡는 선객노인((仙客老人)의 풍류를 즐길 자격이 있다.

이번 선거에 낙선한 출마자들이 선객노인의 욕심없는 삶을 살기를 기대해보는 것은 나의 지나친 욕심일까?.

우리 옛 선비들에게 주전자는 인간으로 하여금 탐욕과 성내는 것과 어리석음을 스스로 바라보게 하는 내면의 성찰을 통해 지혜를 깨닫게 하는 차를 끓여 내오는 그릇이었다.

7. 공주의 남자는 못난 첫째 딸을 선택했다

그리스 신화에 나오는 미다스 왕은 엄청난 재산을 가지고 있었음에도 매우 탐욕스러워 더 많은 부귀를 원했다. 그래서 그는 술(酒)의 신 디오니소스에게 손에 닿는 모든 것을 황금으로 변하게 해달라고 간청했다.

술에 취한 상태에서 디오니소스는 소원을 들어주었고, 미다스는 정원수, 조각물, 가구 할 것 없이 닥치는 대로 황금으로 만들었다.

그러나 예기치 않은 문제가 발생했다. 만지기만 하면 황금이 되니 도대체 음식을 먹을 수가 없었다. 상심한 그는 무심코 자기 딸을 안았다가 기겁했다. 사랑하는 딸이 금덩어리가 되었기 때문이다. 그것이 미다스 왕의 첫 번째 벌이었다.

두 번째는 목양신(牧羊神)인 판의 피리 소리가 아폴로의 수금 소리보다 낫다고 하여 불경죄로 귀가 당나귀처럼 길어진 것이다. 왕은 긴 귀를 감추려고 보라색 모자를 썼지만, 이발사만큼은 속일 수가 없었다.

이발사는 자신만이 알고 있는 비밀의 답답함에 땅 구덩이를 파고 비밀을 말하고는 흙을 덮어 묻어버렸는데, 거기서 돋아난 갈대가 바람이 흔들릴 때마다 '임금님 귀는 당나귀'라고, 말하는 것이었다.

우리나라도 신라시대 화랑 출신 국선 응렴이 경문왕이 된 후 귀가 당나귀처럼 길어졌다. 왕비와 궁녀도 몰랐지만, 복두쟁이 한 사람만 알고 있었다. 평생 비밀을 지켜오던 그는 죽을 때가 되자 도림사 대숲에 들어가 아무도 없는 곳에서 "임금님 귀는 당나귀"라고 외쳤다. 그 뒤 바람만 불면 대숲에서 "우리 임금님 귀는 당나귀"라고 소리가 났다고 삼국유사는 전하고 있다.

재미난 사실은 응렴이 스무 살 때 선대왕인 헌안 대왕의 눈에 들어 세상을 풍류 하면서 무엇을 보았냐고 질문을 받자, 훌륭한 행실을 하는 세 사람을 보았는데, 첫 번째는 윗자리에 앉았으면서도 아랫사람에게 자리를 양보하는 사람이요, 두 번째는 엄청 나게 부유하면서도 항상 검소한 옷차림을 하는 사람이고, 세 번째는 높은 자리에 있으면서도 위세를 부리지 않는 사람이라 말했다.

이에 헌안 대왕은 응렴의 인물됨을 알고, 자신의 두 공주 가운데 한 명을 선택해 사위로 삼겠다고 했다. 첫째 공주는 아주 못생겼고, 둘째 공주는 아주 예뻤다. 그래서 집안 부모님과 상의하여 둘째 공주를 선택하기로 했으나, 그의 낭도로 있던 범교사가 그에게 맏딸을 선택하면 후에 좋은 일 세 가지가 있을 것이라며 충고했다.

응렴이 후에 경문왕이 된 후 세 가지가 무엇인지를 묻자, 첫째는 맏딸을 취함으로써 왕위에 오를 수 있었고, 둘째는 원하던 둘째 딸도 결국에는 차비로 맞아들일 수 있었으며, 셋째는 경문왕 부부가 맏딸의 혼처로 고민하고 있었는데, 그분들의 고충을 덜어 기쁘게 해준 것이라고 하였다.

임금님 귀를 당나귀로 만든 것은 코 밑에 가로 길게 놓인 입(口)을 조심하고, 두 귀(耳)를 크게 열어 남의 말을 귀담아들어야 훌륭한 임금이 되기 때문이다. 임금님 귀는 당나귀라는 소리를 놀림으로 받지 말고 공주의 남자가 된 경문왕처럼 올바른 선택의 지혜를 발휘하자.

앞으로 있을 대통령 선거를 앞두고 대선 후보 주자들이 저마다 국민의 소리를 크게 듣겠다고 공약을 내걸고 있다. 부디 대통령이 되어서도 당나귀를 활짝 열어주시기를.

임금님 귀를 당나귀로 만든 것은 코 밑에 가로 길게 놓인 입(口)을 조심하고, 두 귀
(耳)를 크게 열어 남의 말을 귀담아들어야 훌륭한 임금이 되기 때문이다.

8. 어리석은 자 몸을 다스리고, 지혜로운 자 마음을 다스린다

인류가 발명한 최고의 발명품 가운데 하나는 수레다. 수레는 사람이나 물건을 쉽게 운반해 주는 교통수단으로, 물자의 이동은 물론 사람들의 이동 시간을 줄여줘 도시 발달을 촉진하게 되었고, 전쟁 양상에도 큰 변화를 불러왔다.

세계를 지배한 로마제국은 수레를 잘 이용하기 위해서 도로를 닦고, 다리를 놓아 "모든 길은 로마로 통한다"라는 말을 만들어냈다. 하지만 우리나라는 수레 대신 가마와 지게를 많이 이용했다.

 고려와 조선시대에 수레를 끌 말과 소가 많지 않았기 때문이다. 고려 때에는 원나라가, 조선시대 때는 중원을 장악한 명나라가, 조공이라는 명목으로 각각, 3만 필과 7만 필의 말을 빼앗아 갔다.

특히 명나라는 조선이 명나라를 위협할 기병의 육성을 막고, 북방 민족과 싸울 때 필요할 말을 얻기 위해 과다하게 말을 요구했다. 그 결과 조선 초기 국영 목장에 4만필 정도 있었던 말이, 조선 후기인 1870년에는 겨우 5,646필에 불과했다.

따라서 우리 농촌에서 황소는 집안의 큰 재산이면서 농사짓는 데 없어서는 안 될 일꾼이 되었다. 그런데 이 황소라는 놈의 재미난 점은 주인이 일부러 무엇을 시키면 절대로 하지 않는다는 것이다. 앞에서 주인이 강제로 끈다거나, 물가에 가서 물을 마시게 한다거나, 강제로 풀을 먹인다거나 하면 절대로 하지 않는다. 황소고집이란 말은 그래서 생겨났다.

"무엇을 하고 있는가?" "부처가 되려고 이렇게 앉아 있습니다."
다음날 스승은 제자 앞에 다가가 벽돌을 갈았다.
"벽돌을 갈아 무엇에 쓰려고 그러십니까?"
"거울을 만들려고 하네."
"저의 어리석음을 말씀하고 계시는군요.
그럼 제가 어찌해야 합니까?"
"수레가 가지 않을 때, 수레를 탓해야 하는가, 소를 다그쳐야 하겠는가?"
如牛駕車　車若不行　打車即是　打牛即是 (여우가거 거약불행 타거즉시 타우즉시)

중국 당나라의 대표적인 선승 남악회양(南岳懷讓, 677~744) 선사와 마조도일 선사와의 대화의 가르침이다. 차가 멈췄을 때 차를 매질하는 사람은 없다. 수레가 가지 않는 것은 소가 가지 않기 때문이다.

어리석은 사람은 몸을 다스리고, 지혜로운 사람은 마음을 다스린다.

차가 멈췄을 때 차를 매질하는 사람은 없다. 수레가 가지 않는 것은 소가 가지 않기 때문이다.

9. 땅에서 넘어진 자, 땅을 짚고 일어서라

옛날 할아버지가 산속에 나무를 하러 갔다가 요란한 소리를 들었다. 깜짝 놀라서 둘러보니 나무 위 새 둥지 앞에서 뱀이 혀를 날름거리고 있었다.

"새를 잡아먹으려고-- 못된 뱀 같으니라고" 할아버지는 얼른 달려가 작대기를 휘저어 독뱀을 숲속으로 쫓아 보냈다.

고마움을 느낀 새는 할아버지를 어디론가 데려갔는데, 그 새가 사라진 자리에는 조그만 샘이 있었다. 목이 말랐던 할아버지는 샘물을 꿀꺽꿀꺽 마셨고, 이내 잠이 들고 말았다. 할아버지가 깨어보니 날은 이미 어둑어둑해져 있었다.

서둘러 산에서 내려오는 할아버지는 자신의 발걸음이 무척 가볍게 느껴졌다. 해가 져도 할아버지가 돌아오지 않자, 할머니는 걱정이 되어 산길을 올랐다.

얼마쯤 올라 산기슭에 다다랐을 때, 할아버지와 비슷한 젊은 청년이 내려오고 있었다. 할머니가 그 청년에게 다가가 물으려 하자, 그 청년은 할머니에게 먼저 " 할멈 나야 나, 나 당신 남편이야"하고 말하는 것이 아닌가? 할아버지가 마신 샘물은 젊어지는 샘물이었다.

다음날 할아버지는 할머니를 그 샘물로 데려갔다. 할아버지 할머니는 이제 새 청년, 새 젊은 아낙이 된 것이다.

그런데 이를 유심히 지켜본 옆집의 욕심 많은 할아버지가 뒤를 몰래 쫓아

갔다. 그리고 많이 젊어지고 싶은 욕심에 샘물을 마구 마셨다.

다음날 마음씨 착한 할아버지, 할머니가 그 샘에 도착했을 때, 한 갓난아기가 샘물가 옆에 울고 있었다. 욕심 많은 노인이 부른 화(禍)였다.

할아버지가 새를 구하려는 마음은 가엽게 여기는 부처님 자비의 측은지심이요, 새가 할아버지를 젊어지는 샘물로 인도한 것은 보은이다. 그러나, 욕심 많은 할아버지가 갓난아기가 된 것은 더욱더 젊어지고 싶은 사람의 탐욕이다. 그리고 또다시 할아버지 할머니에게 갓난아기가 생긴 것은 인연이다.

부처가 말하는 인간이 버려야 할 3가지가 있는데, 그것은 바로 옆집 할아버지가 가졌던 탐욕과 화냄과 어리석음이다. 부처님 오신 날을 맞아 우리가 가져야 할 것은 자비와 남에게 감사할 줄 아는 보은과 믿음이다.

샘이 깊은 물은 마르지 않는다. 부처님 마음의 샘은 맑고 깨끗하다.

그 지혜의 샘물을 마신 사람은 "산은 산이요, 물은 물이로다"라는 이유를 안다. 어려울수록 아래 말을 되새기며 '부처님 오신 날'을 맞는다.

"땅에서 넘어진 자, 땅을 짚고 일어서라
인지이도자 인지이기(因地而倒者 因地而起)" --- 보조국사 지눌의 법어

부처가 말하는 인간이 버려야 할 3가지가 있는데, 탐욕과 화냄과 어리석음이다.

10. 진정한 봄은 그런 것이다. 일장춘몽처럼

봄이 기지개를 켠다.

나른한 오후, 고운 햇살이 차 한 잔의 여유를 부리며 꽃망울을 터뜨린 봄꽃들을 슬그머니 졸음으로 몰아넣는다.

그 꿈속에서 일장(一場)과 춘몽(春夢)이, 두 사람이 만났다.

"인생은 한바탕의 봄 꿈(一場春夢,일장춘몽)이라는데, 사람들은 왜 그렇게 아등 바등하며 살까?" 일장이가 춘몽이에게 물었다.

그러자 옆에 있던 접몽(蝶夢)이가 거들었다.

"그러게, 나도 내가 호랑나비(胡蝶,호접)가 되었는지 호랑나비가 내가 되었는지 잘 모르겠네"

현명한 춘몽이가 대답했다.

"현실도 아닌 것이 꿈도 아닌 것이, 보이는 것은 모든 사물의 변화에서 비롯되는 것임에도 우리들이 그것을 모르고 욕심을 내어 부귀영화를 탐내고, 나비는 천년만년 살 것처럼 시간 귀중한 것을 모르고 헛되게 보내기 때문이지"

장자(莊子)의 제물론편(齊物論篇)에 나오는 호접지몽(胡蝶之夢)을 일장춘몽(一場春夢)의 사자성어에 빗대어 지어본 것이다. 봄을 느끼기도 전에 훌쩍 달아나 버림을 내 스스로 아쉬워 풀어본 말이다.

봄은 개나리의 노란색으로 다가왔다가 나무의 신록으로 내달음쳐, 여름 속으로 숨어 버린다. 마치 장자가 꿈속에서 나비가 되어 꽃들 사이를 즐겁게 날아다니다가 문득 눈을 떠보니, 자신이 다시 인간으로 돌아온 한순간처럼---.

봄은 생명의 시작이다. 모든 시작은 미약하고 어리며 미숙하다. 하지만 고운 햇살과 향기로운 바람, 그리고 맑은 물을 주고 사랑으로 돌보면, 어느새 키 큰 나무가 되어 우리의 그늘이 되어준다.

그러므로 봄을 만끽하려면 욕심을 버리고 춘몽(春夢)이가 말한 대로 자신을 내려놓아, 내가 누군지부터 아는 노력이 필요하다. 또한 "내일 지구의 종말이 오더라도 한 그루의 사과나무를 심겠다"라는 스피노자의 말처럼 하루하루 시간의 귀중함을 알고, 성실함으로 삶의 노트를 채워야 한다.

우리의 봄이 얼마 남지 않았음을 아쉬워하기보다는 다음의 봄이 더 찬란하기를 바라며, 한바탕의 꿈을 웃음으로 훌훌 털어버려야 한다.

진정한 봄은 그런 것이다. 일장춘몽처럼

> 봄은 생명의 시작이다. 모든 시작은 미약하고 어리며 미숙하다. 하지만 고운 햇살과 향기로운 바람, 그리고 맑은 물을 주고 사랑으로 돌보면, 어느새 키 큰 나무가 되어 우리의 그늘이 되어준다.

인생 CEO, 너의 수고로움이 너를 편안케 하리라

제7장 인생 CEO,
너의 수고로움이 너를 편안케 하리라

1. 새해 이 기도문을 매일 읽게 하소서

새해, 새날에도 붉은 태양과 얼굴을 마주합니다. 푸른 파도 넘실대는 바다를 바라보며 새 희망을 품고 내년 나의 모습에 대해 꿈꾸어 봅니다. 시간의 지혜가 말했듯이 계절은 늘 성큼성큼 우리보다 먼저 와 있습니다.

어머님이 생각납니다. 불볕더위와 매서운 비바람이 한풀 꺾이자. 따뜻한 어머님 품이 그리워집니다. 봄,여름이 성장하는 인고의 시간이었다면 가을과 겨울은 열매를 맺는 성숙의 시간입니다.

'어디서 와서 어디로 가는 지는 몰라도, 어떻게 살아서 어떻게 마무리해야 하는지를' 생각합니다. 비록 힘들고 어렵고 잘 되지 않을지라도.

누군가 우리가 신호등을 기다릴 수 있는 이유는 곧 바뀌리라는 것을 알기 때문이라고 합니다. 여름이 지나면 가을이 오고, 겨울이 지나면 봄이 오듯이, 우리는 그 때까지 오늘 하루를 열심히 지금처럼 살아야 합니다.

시간은 많이 남은 것 같지만 지나고 나면 항상 짧은 것이 시간입니다. 황금보다 중요한 것이 '지금'이라지만 지금은 지금이기에 그냥 지나치고 맙니다. 지금을 황금으로 만드는 것은 후회가 아니라 '기도'입니다.

기도는 목적을 이루는데 수단으로 동원되는 것이 아닙니다. 기도에 있어서 중요한 것은 우리가 누구이며, 어떤 사랑을 받고 어떤 사랑을 하느냐 하는 것입니다.

날마다 하루 분량의 즐거움을 주시고, 일생의 꿈은 그 과정에 기쁨을 주셔서 떠나야 할 곳에서는 빨리 떠나게 하시고 머물러야 할 자리에는 영원히 아름답게 머물게 하소서.

누구 앞에서나 똑같이 겸손하게 하시고 어디서나 머리를 낮춤으로써 내 얼굴이 드러나지 않게 하소서.

마음을 가난하게 하여 눈물이 많게 하시고 생각을 빛나게 하여 웃음이 많게 하소서.

인내하게 하소서. 인내는 잘못을 참고 그냥 지나가는 것이 아니라, 사랑으로 깨닫게 하고 기다림이 기쁨이 되는 인내이게 하소서.

부끄러움과 부족함을 드러내는 용기를 주시고 용서와 화해를 미루지 않는 용기를 주소서. 음악을 듣게 하시고 햇빛을 좋아하게 하시고 꽃과 나뭇잎의 아름다움에 늘 감탄하게 하소서.

누구의 말이나 귀 기울일 줄 알고 지켜야 할 비밀은 끝까지 지키게 하소서.

사람을 외모로 평가하지 않게 하시고, 그 사람의 참가치와 모습을 빨리 알게 하소서.

사람과의 헤어짐을 자연스럽게 받아들이되 그 사람의 좋은 점만 기억하게 하소서.

나이가 들어 쇠약하여질 때도 삶을 허무나 후회나 고통으로 생각하지 않게 하시고 나이가 들면서 찾아오는 지혜와 너그러움과 부드러움을 좋아하게 하소서.

삶을 잔잔하게 하소서. 그러나 폭풍이 몰려와도 쓰러지지 않게 하시고 고난을 통해 성숙하게 하소서.

건강을 주소서. 그러나 내 삶과 생각이 건강의 노예가 되지 않도록 하소서.질서를 지키고 원칙과 기준이 확실하며 균형과 조화를 잃지 않도록 하시고 성공한 사람보다 소중한 사람이 되게 하소서.

언제 어디서나 사랑만큼 쉬운 길이 없고 사랑만큼 아름다운 길이 없다는 것을 알고 늘 그 길을 택하게 하시고, 이 기도문을 매일 읽게 하소서

기도는 목적을 이루는데 수단으로 동원되는 것이 아닙니다. 기도에 있어서 중요한 것은 우리가 누구이며, 어떤 사랑을 받고 어떤 사랑을 하느냐 하는 것입니다.

2. 4월의 봄은 믿음의 꽃, 부활의 열매

동틀 무렵 기차가 새벽으로 빨려 들어간다.

밤새 고단한 마음을 내려놓고 졸린 눈을 비비며 아침을 맞이한다. 온 세상에 따뜻한 기운을 주는 해가 산 위로 올라올 때쯤이면, 수탉이 목청껏 불렀던 "꼬끼오"소리는 귓가에서 멀어진다.

봄이다! 생명을 주는 봄의 소리가 개구리를 깨우고, 둥글고 모난 돌 사이사이를 흐르는 시냇물을 즐겁게 만든다. 한하운 시인의 '보리피리' 불며, 봄 언덕 고향을 그리워하기도 하고, 꽃 동산 어릴 때 추억을 떠올리면서 인간 세상의 의미를 되새겨 본다.

봄은 삶의 힘이다. 봄은 질긴 생명력으로 어둡고 긴 죽음의 시간을 이겨내고, 화려한 부활의 모습으로 새로운 꿈과 힘을 우리에게 불어 넣는다. 무소의 뿔처럼 혼자서 외로운 시간을 이겨낸 사람은 남의 것을 탐내지 아니하고, 속이지 아니하며, 갈망하지 않고, 남의 덕을 가리지 아니한다.

때로는 아낌없이 주는 나무가 되는가 하면, 숲속의 샘물처럼 비우고 또 비워, 그 스스로를 깨끗하게 만든다. 젊은이는 꽃의 향기에 취하고, 나이 든 이는 열매를 탐낼지 모르지만, 그것의 시작은 씨앗이요, 겨울을 이겨낸 꽃의 눈물이자, 삶의 붉은 울음이다.

천국의 열쇠를 가진 베드로가 예수님의 제자로 모든 사람들에게 성인으로 추앙받기까지는 닭이 울기 전 예수님을 3번 부인하는 인간으로서의 나약함과 두려움을 극복하고, 사랑과 믿음으로 새롭게 태어났기 때문이다.

믿음은 땅속의 새 생명처럼 보이지 않는 것을 보이게 하고, 불가능한 것을 가능한 것으로 만드는 기적을 만든다. 그러기에 4월의 봄은 믿음의 꽃이요, 부활의 열매다.

아름다운 꽃으로 향기를 전하고, 풍성한 열매를 맺기를 원한다면 스스로에게 묻고 또 되물어야 한다.

거기 너 서 있었는가? 바로 그때에?

무소의 뿔처럼 혼자서 외로운 시간을 이겨낸 사람은 남의 것을 탐내지 아니하고, 속이지 아니하며, 갈망하지 않고, 남의 덕을 가리지 아니한다.

3. 인생 CEO, 너의 수고로움이 너를 편안케 하리라

2024년 6월 10일 오후, 나의 해시계를 찾아 훌쩍 서울을 떠나 제주에 도착했다.

한적한 김포공항의 여유로운 출발을 기대한 나의 예상은 항공기 지연과 잦은 출발 게이트 변경으로 혼잡스러웠지만, 톰 행크스의 '터미널' 영화처럼 공항 냄새가 좋았다. 캐리어와 백팩을 메고, 바삐 움직이는 사람들과 항공사 직원들, 그리고 해외여행객들의 낯설고도 어리둥절한 모습 속에 나도 기꺼이 이방인(alien)이 됐다.

제주로 향한 아시아나 항공기 OZ8963편 내 좌석 15A에 착석했을 때, 안도감과 내 몫의 여행 시간을 찾자, 옥죄인 내 좌석 벨트 속에 자유로움을 느꼈다.

왜(WHY)일까?

그토록, 아니 여태껏 살아온 삶의 구속에서 오롯이 나만의 시간을 갖고자 `나 홀로 여행`이 주는 묘한 긴장감 속의 해방이었다. 그 때문인지 비행기가 이륙을 위해 강한 엔진 소리를 듣자마자 나는 잠깐 꿀잠을 잤다. 찰나의 순간에, 성냥갑 아파트와 푸른 산, 바다가 하얀 구름 아래 눈에 들어온다.

나의 제주 첫날의 시작은 김포 공항 도착과 함께 또다시 다른 호기심으로 어디론가 날아가는 비행기를 보는 것으로부터 시작됐다. 공항버스를 타고, 다시 마을버스를 갈아타고 제주 애월 올레 코스 16길을 가는 길은 예뻤다.

숙박 장소인 다인리조트를 가다가 나도 모르게 잘못 내린 곳이, 제주 해변의 멋진 일몰을 선사해 줬다. 잔잔한 제주 바다는 저 멀리서부터 붉은 빛으로 물들여지면서 '멋지다'라는 말이 절로 나온다. 편안한 택시 대신 다리 발품과 구슬땀을 통해 얻은 멋진 인생 컷이다.

그래, 삶은 우연이며, 빗나감과 엇갈림이지만 목적지는 하나다. (Birth To Death)나의 인생 후반전 65세, 첫 해답은 찾았다.

인생에 경륜이 쌓이고 사리와 판단이 성숙해 남의 말을 받아들이고 하늘의 뜻에 거슬리지 않은 나이 60, 이순(耳順)과, 마음이 하고자 하는 바에 따르나 법도에 어긋나지 않는 나이 70, 종심(從心)의 중간 65살의 나이에 내 인생의 주인(CEO)의 첫 해답은 이것이다.

"너의 수고로움이 너를 편안케 하리라"

삶은 우연이며, 빗나감과 엇갈림이지만 목적지는 하나다. (Birth To Death)
나의 인생 후반전 65세, 첫 해답은 찾았다.
"너의 수고로움이 너를 편안케 하리라"

4. 봄 향기를 담을 수 있는 가장 큰 그릇

이른 봄, 홍자색의 꽃 자태를 자랑하며 향기를 천리나 보낸다는 천리향(千里香)이 자신의 꽃말처럼 나른한 오후 '꿈속의 사랑'을 그립게 만든다.

옛날 어느 스님이 잠결에 맡은 기분 좋은 향기를 찾아갔더니 이 꽃이 있었다고 하여 수향(睡香)이라 부르다가, 상서로운 향기라 하여 그 이후로 서향(瑞香, Daphne odor)이라 불렀다. 서양에서도 스위트 스멜링 다프네(Sweet smelling daphne)라 하여, 천리향은 밤길에서도 향기만으로 이 꽃인 줄 알아 향수를 뿌린 미인에게 비유되기도 하였다.

이런 꽃향기를 꽃 없이 그린 조선 시대 화가가 있었다. 김명국, 장승업과 함께 조선의 3대 기인 화가로 꼽히는 최북(崔北·1712~1786)이었다.

그는 청나라 사신으로 불려 가 황제로부터 봄의 알싸한 향기를 꽃 없이 그리라는 명을 받았다. 이미 황제를 무시한 죄로 목숨이 경각에 달려 있었다. 모두가 충격이었다. 눈에 보이지 않는 꽃향기를 그리라는 것도 이상하지만, 꽃 없이 꽃향기를 표현해 내라니 최북 일행은 영락없이 죽은 목숨이었다.

그러나 최북은 거침없이 종이와 붓을 달라고 하더니, 나비를 그리기 시작했다. 벌도 그랬다. 공중에서 나비와 벌이 꽃향기를 맡으며, 진짜 살아서 돌아다니는 것 같았다.

중인이라는 신분적 한계와 경제적 궁핍으로 인해 예술가로서 자긍심을 지키지 못했던 불우했던 천재 화가 최북의 일대기를 그린 '호생관 최북'(작가 임태영)에 나오는 일화다.

원래 향기가 진한 꽃은 멀리 가지 못한다고 한다. 5월 흐드러진 꽃들의 전쟁 속에서 눈의 즐거움에 취해 정작 나비와 벌을 불러 모으는 진정한 꽃향기는 쉽게 지나치기 쉽다.

벚꽃, 개나리, 산수유, 흑매화, 진달래, 영산홍, 백리향, 천리향 등 화려한 꽃 색깔과 꽃모양 뿐만 아니라 눈에 보이지 않는 꽃향기도 마음 그릇에 담을 일이다. 나비와 벌이 있어야 씨앗을 맺고 결실이 있다.

봄 향기를 담을 수 있는 가장 큰 그릇은 모양새가 큰 그릇이 아니라, 비어 있는 나 자신의 마음 그릇이다. 빈 그릇에 내 마음을 담는다면 겸손과 감사, 기쁨이다.

봄 향기를 담을 수 있는 가장 큰 그릇은 모양새가 큰 그릇이 아니라, 비어있는 나 자신의 마음 그릇이다. 빈 그릇에 내 마음을 담는다면 겸손과 감사, 기쁨이다.

5. 게으른 양은 양털도 무겁게 여긴다

생명의 시작을 알리는 봄이다.

특히 춘곤증이 밀려오는 4월의 나른한 오후가 되면 피로감에 잠시 낮잠을 청하고 싶은 게으름을 부려보고 싶기도 하고, 따뜻한 차 한잔에 일손을 잠시 멈추고 여유를 부려보기도 한다. 하지만 땅을 일구어 자연과 더불어 사는 농부에게 있어 봄은 일 년 중 가장 바쁜 때라 게으름을 부릴 시간이 없다. 게으름은 시간 도둑이기 때문이다.

신라시대 고승 원효(617~686) 대사가 청량사를 창건하기 위하여 가진 애를 쓰던 중, 하루는 절 아랫마을을 내려갔다가 뿔이 세 개 달린 소를 몰며 논일하는 농부를 만나게 되었다. 스님이 자세히 보니 소가 주인의 말을 듣지 아니하고 오히려 제멋대로 날뛰며, 애를 먹이고 있었다. 이에 원효가 농부에게 "소를 시주하면 어떻겠느냐"고 하였더니 농부는 흔쾌히 소를 시주하였다.

이까래(고삐의 경상도 사투리)를 받아 든 원효가 소를 몰고 절로 돌아와 일을 시키니, 농부가 시킬 때와는 달리 말을 아주 잘 들었다. 그런데 절 짓기 끝나기 하루를 앞두고 안타깝게도 삼각우가 그만 죽고 말았다.

원효는 고마운 그 소를 위하여 유리보전 앞에 묻어주고 뿔 셋 달린 소의 무덤이라 하여 삼각우총(三角牛塚)이라 하였는데, 그 삼각우총에서 소나무 한 그루가 자라기 시작하더니 커서는 세 뿔 달린 소처럼 가지가 셋으로 갈라졌다. 현재 경북 봉화에 있는 청량사에는 이 삼각우송(三角牛松)이 천년 고찰을 지키고 있다.

조선시대 500년 억불숭유 정책 속에서 한국 선불교의 불씨를 되지핀 경허

(鏡虛·1849~1912) 선사는 "소가 되어도 코뚜레 뚫을 구멍이 없다"라는 말과 함께 깨달음을 얻은 후, 사람들의 상식을 훌쩍 넘어선 자리에서 파격적이고 거침없는 자비를 행했다. 희생(犧牲)이란 한자어 앞에는 각각 소 우(牛)가 들어가 있다.

게으른 양은 양털도 무겁게 여기지만. 부지런한 사람에게는 1주일에 7번의 오늘이 있을 뿐이다. 그래서 수행하는 하루는 승리하는 생활이요, 게으른 하루는 패배하는 생활이다.

땅을 일구어 자연과 더불어 사는 농부에게 있어 봄은 일 년 중 가장 바쁜 때라 게으름을 부릴 시간이 없다. 게으름은 시간 도둑이기 때문이다.

6. 배고프기는 들어갈 때나 나갈 때나 마찬가지

"운명은 용기 있는 자를 선택한다."

기원전 323년 6월 9일 늦은 저녁, 단 8년 만에 당시 가장 강력한 페르시아 군대를 물리치고, 3만 3천 킬로미터의 광활한 대지를 누비면서 거침없는 정복과 승리를 이뤄 역사상 그 유례를 찾아볼 수 없는 대제국을 건설한 알렉산더 대왕은 33세의 나이에 숨을 거뒀다.

세계 정복 전쟁에 나선 12년 동안, 신의 아들을 자처하며 단 한 순간도 두려움을 가져 본 적이 없었던 그였다. 죽기 전 병세가 깊어져 명의들과 신하들이 그에게 자리에 누워 휴식을 취하라고 수없이 권했지만, 알렉산더 대왕은 그때마다 이렇게 말했다.

"내 걱정은 말게. 사람이란 죽으면 잠을 자게 되는 법, 살아 눈 뜨고 있는 순간 어찌 잠잘 수 있겠는가? 내 얼마 남지 않은 귀중한 시간을 가장 충실하게 보내리라."

부와 권력과 명예 등 천하를 한 손에 움켜쥔 그였지만, 죽음의 병마 앞에서는 끝내 삶의 허무함을 느꼈던 것 같다.

"내가 죽거든 내 관 좌우에 구멍을 뚫어 내 손을 밖으로 내놓아 세상 사람들이 볼 수 있도록 하시오. 그래서 세상 사람들에게 천하를 쥐고 흔들었던 알렉산더도 떠날 때는 빈손으로 간다는 것을 보여주시오." 그리고 마지막 숨을 거두었다.

한 마리의 여우가 포도밭 주위를 돌면서 어떻게 해서든지 그 속으로 숨어 들어가려 하고 있었다. 그러나 울타리 때문에 도저히 안으로 기어들어 갈 수가 없었다. 그래서 여우는 궁리 끝에 사흘을 굶어 몸을 마르게 한 뒤에 가까스로 울타리 틈 사이로 들어가는 데 성공했다. 포도밭 안으로 들어간 여우는 맛있는 포도를 실컷 따먹고 다시 포도밭에서 나오려고 했으나, 배가 불러 그곳을 빠져나올 수 없었다. 그래서 여우는 할 수 없이 다시 사흘 동안 굶어 몸을 마르게 한 뒤에야 겨우 빠져나올 수 있었다. 이때 여우가 말했다.

"배가 고프기는 들어갈 때나 나올 때나 매한가지군." 탈무드의 이야기다.

꾀 많은 여우나, 용기 있는 알렉산더 대왕이나 빈손으로 왔다가 역시 빈손으로 돌아가게 된다는 것을 좀 더 일찍 알았더라면, 자신을 밑 빠진 욕심의 항아리로 만들지 않았을 것이다.

가장 강한 자는 자기 자신을 이기는 자다.

사람이란 죽으면 잠을 자게 되는 법, 살아 눈 뜨고 있는 순간 어찌 잠잘 수 있겠는가? 내 얼마 남지 않은 귀중한 시간을 가장 충실하게 보내리라."

7. 행복의 무게를 달아드립니다

나무는 산에 있었다. 나무꾼은 마을에 있었다. 나무와 나무꾼은 운명이란 시간틀에 묶여 아침저녁으로 매일 매일 만나게 되었다.

나무는 나무꾼이 좋았다. 그래서 자신의 몸과 마음을 아낌없이 내주었다. 하지만 나무꾼은 그런 나무에게 늘 미안하고 부끄러웠다. 비록 죽거나 부러진 나뭇가지지만 땔감을 위해 '산의 무게'를 덜어준다는 핑계로 나무를 한 짐씩 지고 마을로 내려갈 때마다 마음이 무거웠다.

그러나, 나무의 생각은 달랐다. 죽거나 썩어서 자신이 이 사람 저 사람에게 밟히고 땅에 쓸모없이 내 뒹굴어지는 것보다 사랑하는 나무꾼의 등에 업혀 사람들에게 아름다운 불꽃으로 따뜻한 온기를 전할 수 있다는 것이 감사했다.

나무꾼은 작고 약한 나무에도 언젠가는 숲을 지키는 힘세고 튼튼한 나무가 될 수 있다는 꿈과 용기를 주고, 항상 나무들과 사랑으로 말을 나누었다. 그래서 나무꾼이 지키는 산의 나무는 행복한 나무가 됐다.

반면에 아무 때나 함부로 들어와서 마구 나무를 베 나가는 토벌꾼의 산에는 불행한 나무들이 자랐다. 토벌꾼은 나무에게 사랑의 말 대신 늘 불평하기 일쑤였다. 토벌꾼은 나무를 많이 베어 내다팔아야 더 많은 돈을 벌 수 있다며, 작고 어린 나무까지 잘라버렸다. 그래서 토벌꾼 산의 나무들은 스스로를 지키기 위해 서로서로 욕하며 다투었다. 토벌꾼의 산에는 항상 불평과 불만이 가득했다.

어느 날 나무꾼이 지키는 산의 '행복'과 토벌꾼이 지키는 산의 '불행'이 저울에 각각각 자신의 무게를 재기로 했다. 먼저 불행이 저울에 올라갔다. 무게를 재기 위해 '소유'라는 추를 아무리 올려놔도 무게를 잴 수 없었다. '소유'라는 추에는 '탐욕'이란 마음의 똬리가 자리 잡고 있었기 때문이다. 이번에는 행복이 저울에 올라갔다.

행복은 무게를 재기위해 '비움'이라는 저울추를 사용했다. 그러나 아무리 '비움'이라는 추를 올려놔도 무게를 잴 수 없었다. 원래 없었던 무게가 있을 리 없기 때문이었다.

행복은 감사의 문으로 들어와서 불평의 문으로 나간다. 행복도 불행도 원래 무게를 잴 수 없는 것인데, 사람들은 스스로 자신의 것이 "크다 작다, 무겁다 가볍다"며 웃고 운다. 지금 자신의 행복 무게를 재고 싶다면 조그만 일에도 감사하는 '나무의 덕(德)'부터 먼저 배울 일이다.

행복이 저울에 올라갔다. 행복은 무게를 재기위해 '비움'이라는 저울추를 사용했다. 그러나 아무리 '비움'이라는 추를 올려놔도 무게를 잴 수 없었다. 원래 없었던 것이 무게가 있을 리 없기 때문이었다.

8. 밑 빠진 독에 물 붓기와 금덩이

그리스 신화에는 끊임없이 같은 일을 하는 벌을 받은 인간들이 여럿 있는데, 그 가운데 밑 빠진 독에 물을 붓는 다나오스의 딸들도 있다.

이집트 왕 아이깁투스(에집투스)는 자기 형제 다나오스의 재산을 노리고 자신의 50명의 아들과 다나오스의 50명의 딸들 간의 결혼을 강요했다. 이에 격분한 다나오스는 딸들에게 자신들의 남편을 죽이라는 명령을 내렸다.

다나오스의 50명의 딸들인 다나이드들은 자신들의 재산을 노리고 청혼한 사촌들을 첫날밤에 일제히 죽였다. 이 중 다나오스의 딸, 히페름네스트라만이 자신의 순결을 지켜준 남편 린케우스를 살려주었다.

이 때문에 히페름네스트라를 제외한 49명의 여자들은 죽어서 밑 빠진 독에 물을 길어다 붓는 벌을 받았다. 이들이 물을 아무리 열심히 들어 부어도 물통은 가득 채워지지 않았다. '헛된 수고'를 뜻하는 라틴어 격언 '충족시킬 수 없는 통'(inexplebile dolium, 인엑스플레빌레 돌리움)는 여기에서 비롯되었다고 한다.

어떤 행동이든 바람직한 결과를 낳지 못할 때는 "내가 해온 일이 지금까지 해온 것처럼 오래갈만한 것인가?" 생각해 볼 필요가 있다. 하지만 성공을 위해서는 여러 번의 실패에도 굽히지 않는 끈기의 힘은 반드시 필요하다.

옛날 임금이 한 신하를 불러 이상한 명령을 내렸다. "이 우물물을 길어 저기 밑 빠진 독에 가득히 채우시오." 밑 빠진 독에 물이 채워질 리가 없었지만, 충성스러운 신하는 오직 임금의 명령만 생각하면서 밤을 낮 삼아 물을 길어 날랐다. 결국 우물 바닥이 드러나고 말았다. 그런데 우물 바닥에 무엇인가 번쩍이는 것이 보였다. 그것은 엄청나게 큰 금덩어리였다.

신하는 임금 앞에 무릎을 꿇었다. "임금님, 용서하소서. 독에 물을 채우지 못했습니다. 그러나 우물 바닥에서 이 금덩이를 건졌나이다. 임금은 빙그레 웃으며 말했다. 밑 빠진 독에 물을 채우겠다고 우물이 바닥나도록 수고했구려. 그대는 참으로 충성스러운 신하요. 그 금덩이는 그렇게 순종하는 신하, 그대를 위해 준비된 것이라오."

예로부터 우리에게 우물은 삶의 터전이며, 부를 가져다주는 원천이다. 땅을 팔 때마다 백발백중 우물을 발견한 사람은 물이 나올 때까지 한 우물만 팠기 때문이다.

이 세상에 헛된 것은 없다. 다만 헛되다고 생각하는 사람만이 있을 뿐이다.

어떤 행동이든 바람직한 결과를 낳지 못할 때는 "내가 해온 일이 지금까지 해온 것처럼 오래갈만한 것인가? 생각해 볼 필요가 있다. 하지만 성공을 위해서는 여러 번의 실패에도 굽히지 않는 끈기의 힘은 반드시 필요하다.

9. 새벽닭을 깨우는 세계 9번째 부자

호박벌은 1주일에 1,600km를 날아다니는 세상에서 가장 부지런한 벌이다. 하지만 몸 구조로 볼 때 호박벌은 몸이 뚱뚱하고 큰 데 비해 날개는 지나치게 작고 가벼워서 공기역학적으로 볼 때 날기는커녕, 공중에 떠 있는 것조차 불가능하다고 한다. 그럼에도 호박벌이 먼 거리를 날 수 있는 이유는 자신이 날 수 없게 창조되었다는 사실을 모를 뿐 아니라, 날기로 했을 뿐이라는 자신감 때문이라고 한다.

1802년, 지금으로부터 222년 전 전라남도 강진에 살던 열다섯 살 소년은 이곳으로 유배온 다산 정약용을 만나 스승과 제자의 인연을 맺었다. 소년이 "저 같은 아이도 공부할 수 있나요?"라고 묻자, 정약용은 '너도 할 수 있다. 너라야 할 수 있다'라는 말을 듣고, 후에 추사 김정희와 글벗이 될 정도로 높은 학문을 쌓았다. 이 소년이 바로 일속산방(一粟山房:좁쌀 한 톨만 한 작은 집)에서 평생 농사를 지으며, 스승의 가르침인 "일근천하무난사(一勤天下無難事:한결같이 부지런하면 세상에 어려운 일이 없다)"를 실천한 황상(黃裳, 1788-1863) 선생이다.

다산이 용기를 북돋아 준 말 한마디가 소년의 삶을 바꾸어 그를 호박벌처럼 가장 부지런하고 멀리 날아다니는, 문리(文理: 글의 뜻을 깨달아 아는 힘)를 깨우친 벌로 만들었다.

미국의 저명한 잡지 포브스는 매년 세계 부자들을 선정하여, 순위를 매겨 발표한다. 지난 1995년 포브스는 가난한 농촌에서 태어나, 맨손으로 세계적인 기업가가 된 현대그룹의 고(故) 정주영 회장을 세계에서 9번째 부자로 선정했었다.

고(故) 정주영 회장이 살던 서울 청운동 자택 마루에는 바로 다산 정약용의 가르침인 "일근천하무난사(一勤天下無難事)"라는 액자가 걸려 있었다고 한다. 1915년 강원도 통천의 가난한 농사꾼을 아들로 태어난 정주영이 성공하게 큰 비결 가운데 하나는 바로 새벽닭을 깨우는 그의 부지런함이었다.

쌀가게 시절부터 누구보다 먼저 일어나 문을 열고 점포를 정리했던 청년 정주영은 자신이 사업을 하던 시절에도 새벽 3시면 어김없이 일어나곤 했다. 그리곤 해가 빨리 뜨지 않는다고 역정을 내곤 했다는데. 새벽 6시 기상, 7시면 회사로 출근하며, 9시 30분에는 잠자리에 들었다.

남보다 일찍 아침을 맞는 것은 남보다 몇 배의 삶을 사는 것이라며, 그날 할 일에 대한 기대와 설렘으로 1년 365일을 마치 소풍 온 것처럼 살다 간 정주영 회장. 그런 하루하루가 모여 오늘날의 현대 그룹을 일으켰다.

옛 어른들은 부모가 재산을 물려주기보다 부지런함을 물려주라 했다. 그것이야말로 무너지지 않는 길이기 때문이다. 마냥 게을러도 부지런히 일해도 시간은 간다. 그렇지만 결과는 달라진다. 세상에서 가장 부지런한 사람은 '1분밖에 안 남았다' 가 아닌 '아직 1분이 남았다'라고 하는 사람이다.

부지런함은 '마지막 1분'을 '처음 시작의 1분'으로 만드는 힘이 있다.

남보다 일찍 아침을 맞는 것은 남보다 몇 배의 삶을 사는 것이라며, 그날 할 일에 대한 기대와 설렘으로 1년 365일을 마치 소풍 온 것처럼 살자.

10. 세월은 흘러도 추억은 남는다

햇빛은 점점 짧아지고 바람은 차갑다. 발아래 쌓인 낙엽의 높이만큼 남자의 바바리코트 깃이 올라간다.

자기 어린 아들이 늘 남들과 다르기를 바라는 한 이탈리아 어머니는 그를 계단에서 이렇게 불렀다. "이브 계단으로 올라와". 그 이브는 25살이 된 1946년, 가을을 대표하는 '고엽'이라는 샹송을 부르는 음유시인이 되어 모든 사람들의 마음을 사로잡았다.

이브 몽땅(Yves Montand)은 자신의 운명을 예견이라도 한 듯 1921년 10월31일, 이탈리아 피렌체 근처 모스마노에서 목수의 셋째 아들로 가을에 태어났다. 몽땅(montand)은 "up"이란 뜻으로 그의 어머니가 계단에서 위로 올라오라고 부르던 것이 나중에 그의 예명이 되어 버렸다.

늦가을 황혼이 들 무렵 낙엽이 뒹구는 거리를 바라보며 연인과 차 한잔을 곁들여 "고엽(枯葉: Autumn Leaves: Les Feuilles Mortes)"을 듣는다면 누구라도 마음을 지키기 어려울 만큼 떨어지는 나뭇잎들의 상처를 생각하게 한다. 결국 나 자신도 살며, 사랑하며, 싸우다가 바람에 흩어지는 낙엽과 같다는 것을 알게 되면서.

되돌릴 수 없는 삶, 일생에 단 한 번 밖에 가질 수 없는 '죽음' 앞에서 무소유의 삶을 살다 간 법정 스님도 "부처님도 타인이다"라고 했다. 철저하게 혼자였으니까 설사 지금껏 귀의해 섬겨온 부처님이라 할지라도 그는 결국 타인이다. 이 세상에 올 때도 혼자서 왔고 갈 때도 나 혼자서 갈 수밖에 없다는 것이다.

이브 몽땅의 떨어지는 낙엽이 우리에게 말을 건넨다.

"나를 사랑하던 그대와 그대를 사랑하던 나는
그러나 인생은 사랑하던 사람들을
어느샌가 소리도 없이 갈라놓아 버리고
바다는 헤어진 사람들의
발자국을 모래 위에서 지워버린다. 〈중략〉

당신이 떠난 뒤로 하루 시간이 더디 갑니다
이제 곧 예전의 겨울 노래가 들려오겠지요
하지만 가을 나뭇잎이 떨어지기 시작하면
난 무엇보다 당신이 그립습니다, 사랑하는 이여...".

그렇게 노래하던 음유시인 이브 몽땅의 묘비는 지금 "세월은 흘러도 추억은 남는다"라는 글과 함께 겨울을 맞으려 하고 있다.

고엽(枯葉: Autumn Leaves)을 듣는다면 누구라도 마음을 지키기 어려울 만큼 떨어지는 나뭇잎들의 상처를 생각게 한다. 결국 나 자신도 살며, 사랑하며, 싸우다가 바람에 흩어지는 낙엽과 같다는 것을 알게 되면서.

아들, 며느리에게 못다한 이야기

모든 분들에게 감사드립니다

주 례 사

좋은 날은 웃고, 행복한 날은 더 크게 웃고,

오늘, 제 아들 김신영군과 신부 이혜령 양이 양가 부모님과 여러 하객분들을 모시고, 혼인 서약을 하는 뜻깊은 날입니다.

특히 곱게 키운 딸을, 저희 집안으로 시집 보내는 것을 허락해 주신 신부 부모님께 깊은 감사를 올립니다.

또한 그동안 가르치고 보살펴주신 스승님, 그리고 옆에서 돌보고 이끌어준 선후배, 동료들에게 사랑과 감사를 전하면서, 부부의 인연을 맺게 됨을 알리게 되어 감사하게 생각합니다.

이에 아버지로서 신랑 신부에게 간단하게 덕담을 전하고자 합니다.

첫 번째 덕목은 인간이 만든 최고의 발명품 사랑입니다.

'오세암'의 작가이자 시인인 정채봉 시인은 가장 아름다운 만남은 손수건과 같은 만남이라고 했습니다. 힘이 들 때는 땀을 닦아주고, 슬플 때는 눈물을 닦아주니까요

여기 계신 모든 분이 이 두 사람을 위해 기쁠 때나 슬플 때나 서로서로 위해주며, 존중하고 이해할 수 있도록 이끌고 도와주십시오.

두 번째 덕목은 감사하는 마음입니다.

서양 속담에 행복은 감사의 문으로 들어와서 불평, 불만의 문으로 나간다는 말이 있습니다.

감사하는 사람은 자기를 낮추고 남을 높이는 사람입니다.

감사하는 사람은 오늘의 내가 있기까지 훌륭하게 키워주신 주변 분들에게 감사하는 사람입니다.

감사하는 사람은 작은 일에도 기뻐하고 웃으며, 이웃과 함께 나누는 사람입니다. 감사하는 마음으로 살아가길 바랍니다.

세 번째 덕목은 경청하고 공감하는 것입니다.

경청하는 것은 상대방을 존중하고 나와 다름을 인정하는 것입니다.

남의 말에 귀를 기울이는 것은 그 사람과 공감하고 소통하는 것입니다. 사회생활, 부부생활을 하는 데 있어 으뜸은 상대방의 말을 들어주고 공감하는 것입니다. 공감하는 것은 함께 하는 것이고, 함께 하는 것은 사랑을 나누는 것입니다.

아버지인 저도 이제까지 살면서 나 자신이 내 마음에 들지 않는 경우가 많았습니다. 그런데 하물며 나 아닌 다른 사람이 어찌 항상 내 마음에 쏙 들겠습니까?

그러니 상대를 탓하지 말고 상대를 먼저 이해하려고 노력을 해주시길 바랍니다.

끝으로 아들 신영 !
항상 말을 이쁘게 하길 바랍니다.
한마디 말로 천 냥 빚도 갚는다고 합니다.
나의 본마음은 아닌 데라고 하더라도
쉽게 내뱉는 말 한마디에 상대는 상처를 받을 수 있습니다.

결혼은 사랑하는 사람과 하는 게 아니라
가장 오래 사랑할 사람과 하는 것입니다.
결혼은 사랑의 완성이 아니라 사랑의 시작입니다. 자 지금부터 마음껏 사랑하고 행복하게 살기를 아버지는 간절히 바랍니다.

이 자리를 빛내주시기 위해 함께 해주신 여러분께 다시 한번 감사하다는 말씀을 올립니다.

감사합니다.

2022년 9월 24일

나의 어린 시절(1962년)

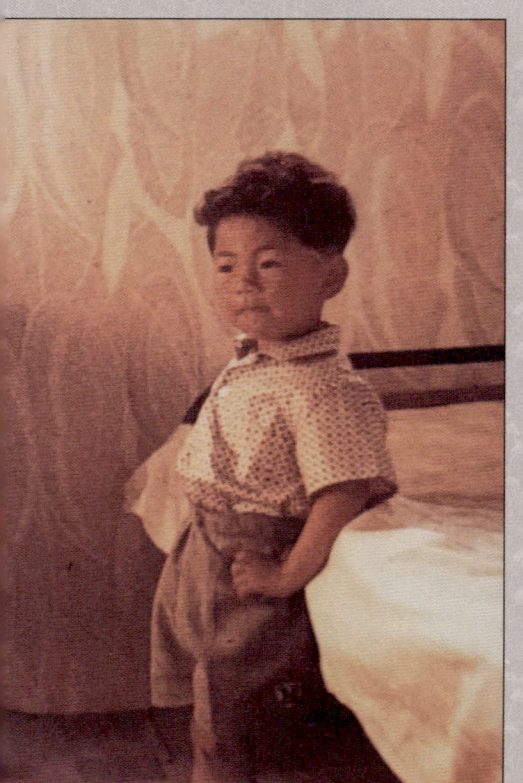

아버님 김창성 · 어머님 안복순, 김숙화누님 · 이재삼 매형,
그리고 사랑하는 Nina Lin에게 바칩니다.

휴 가는 '멈춘 삶'이 아니라 '머무는 삶'입니다. 여행은 떠나는 것이 아니라 돌아오는 것입니다. 길을 떠나는 자만이 돌아올 수 있습니다. 목표를 가진 자만이 쉬어가는 용기가 있습니다. 꿈이 있는 사람은 새로운 삶의 여정을 위해 자신을 내려놓고 잠시 비움의 마음을 갖습니다.

삶이 아름다운 이유는 잠시 멈춰서서 자신을 돌아볼 수 있는 여유가 있기 때문입니다. 8월의 당신을 찾으십시오. 9월이 오면 당신의 8월은 시간의 끝에서 저만치 미소 짓고 있을 테니까요.

"겸손은 사람을 머물게 하고, 칭찬은 사람을 가깝게 하고, 넓음은 사람을 따르게 하고, 깊음은 사람을 감동케 하니, 마음이 아름다운 자여! 그대 그 향기에 세상이 아름다워라."

조용한 목소리로는 큰 목소리를 이기지 못합니다. 작은 슬픔으로는 큰 슬픔을 견디지 못합니다. 이왕 시끄럽고 아플 것이라면 더 크게 소리치고 더 아프게 우십시오.

속 시원함이란 마음의 저 끝까지 내려가서, 육체의 저 밑바닥까지 떨어져서 하나의 앙금도, 한 웅큼의 찌꺼기도 남아있지 않게 비워야만 얻을 수 있습니다.

빈 그릇에 내 마음 담고

지은이   김영학
          kyh6384@hanmail.net,

1판 1쇄 인쇄 2024년 9월 5일
1판 1쇄 발행 2024년 9월 10일

펴낸곳   출판사
펴낸이   원종환
디자인   정성남
일러스트   정인희
등록번호   출판등록번호
등록일자   출판등록일
전 화   02-22776610

ISBN 979-11-91481-04-4